名师名校名校长

凝聚名师共识
回应名师关怀
打造名师品牌
培育名师群体

程明远题

点亮学习

新课改背景下
小学语文教学的应然追求

DIANLIANG XUEXI

XIN KEGAI BEIJING XIA

XIAOXUE YUWEN JIAOXUE DE YINGRAN ZHUIQIU

周彩霞 著

东北师范大学出版社

长春

图书在版编目（CIP）数据

点亮学习：新课改背景下小学语文教学的应然追求 /
周彩霞著. — 长春：东北师范大学出版社，2022.11
ISBN 978-7-5681-9855-4

Ⅰ.①点… Ⅱ.①周… Ⅲ.①小学语文课—教学研究
Ⅳ.①G623.202

中国版本图书馆CIP数据核字（2022）第224218号

□责任编辑：石　斌　　　　□封面设计：言之凿
□责任校对：刘彦妮　张小娅　□责任印制：许　冰

东北师范大学出版社出版发行
长春净月经济开发区金宝街 118 号（邮政编码：130117）
电话：0431-84568023
网址：http：// www.nenup.com
北京言之凿文化发展有限公司设计部制版
北京政采印刷服务有限公司印装
北京市中关村科技园区通州园金桥科技产业基地环科中路 17 号（邮编：101102）
2022年11月第1版　2023年3月第1次印刷
幅面尺寸：170mm×240mm　印张：15　字数：196千

定价：58.00元

序　言

人生处处是起点

当想到有人拿起这本书，翻开这一页的时候，我的心情是复杂的。

正如这本书的问世也经历了一个复杂的过程。

2019年于我而言，是人生历程的一个转折点，也是教育生涯一段新征程的开始。为了给孩子更好的陪伴，也为了给自己一个勇敢尝试的机会，我在将近不惑之年从土生土长的、熟悉的城市来到了一个充满未知的、陌生的地方，不变的是，我还一如既往地坚守我的三尺讲台。因为是通过人才引进的方式进行的工作调动，因而在许多人眼中我是带着光环和荣耀而来的。然而，我自己却认为，这是在错误的时间做的一个无法判断对错的选择。我还来不及享受从来自全国各地的竞争对手中侥幸胜出的喜悦，已陷入了各种忙乱及不适之中，甚至曾一度怀疑和后悔自己的选择。

庆幸的是，在亲人朋友及领导同事的关怀和帮助下，我逐渐适应了新环境，融入了这座包容、友爱的城市。我更是感慨，在稍纵即逝的2019、2020年里，独自面对的很多人和事，是我之前从未想到过的，我不仅记住了许多时间、地点、人物、事件，还记住了许多场景及对话，记住了那些不经意的动作及一闪而过的眼神，这些人和事都刻入了我内心深处。不管好坏，无论悲喜，感恩所有的遇见，这些都是对我的馈赠，它们总能给我带来些什么，或是幸福，或是成长。

其间让我最受感动而又深感惭愧的是，除了有对我工作、生活的关心和帮助外，更有不断督促和提醒我要在专业发展道路上不懈进取的声音。其中，催促和鼓励我为自己的教学主张著书一本，算是呼声最高的友情提醒吧。然而，我总以有千头万绪的事务为理由，一再推脱。说实话，除了思绪比较杂乱外，一直以来，在我的概念里，出书应该是有着丰富的人生阅历及厚实的文化积淀的人去做的事，这样的人，其作品也必将能激荡情感的波澜或闪耀思想的光辉。特别是写这种偏重于学术及理论的教学专业类书籍，若没有经历系统性、持续性、独特性、深入性的研究，没有独当一面的真知灼见，那就是对作品及读者的辜负与不负责。

萌发出书念头是在2021年暑假，一是因为跨越了2019、2020年，经历了林林总总的大事小事，身边鼓励的声音依然不绝于耳；二是因为曾经因共同的理想而走在一起的同学、友人纷纷出版了个人专著，我感觉自己在前行的道路上掉队了，再者，没有把自己教学中的一些思考和理念进行提炼，似乎愧对"省百"项目组多年的培养；三是因为在一次跟儿子的闲聊中，我说起自己的这个困惑，他鼓励我要敢于尝试和超越自我。义不容辞，我只能用行动来回应：是的！每个阶段，我们都要树立一个既定的目标，并为之付出努力。

于是，我便开始结合自己多年来的教学实践及工作室的研究方向，构思专著的整体框架及主题内容。虽然难免还有种种迟疑及顾虑，但在反复的头脑风暴及不断的修改完善中，我总算扫除了障碍，明确了方向。

2022年寒假，当我静静地围绕主题把自己多年来的教学心得进行整理的时候，不得不说，这个过程还是挺有意思的，它让我把职业生涯的记忆都摊开来，重新审视教育教学中自己所经历的点点滴滴，再用一个全新的视角对它们进行整理、归类、总结、提炼。不得不说，写书就是对曾经的自己的一种回馈与肯定，就是对教育教学的一份执着与思考。哪怕它青涩中带着残缺和遗憾，那也代表着自己的努力与赤诚。

当我的步伐迈得更加坚定的时候，没想到一个重大的变革让我不得不停下脚步重新思考接下来的去或留，取与舍。2022年4月21日，教育部出台了新的义务教育课程方案和课程标准。在深入学习与领悟新的课程理念的过程中，我真切地感受了一番"爱"并"痛"着的感觉。爱，源于新的课程方案与课程标准倡导的理念，让我们看到了"育人蓝图"的美好前景；痛，缘于新理念如同一面镜子，让我看到了专著长出来的模样与时代发展的审美标准是不大相称的，丰满的理想终将变成骨感的现实。"价值引领""素养为纲""主题统整""任务驱动""变革方式""注重实践"这些新的课程理念不断在我头脑中浮现，我能预见它们成长起来的端庄大气。必须承认，这些关键要素在我原定的专著体系中体现不多。失去新课改这些主旋律的有力支撑，原定的专著体系难免显得"裹足不前"和"小家子气"。

于是，我陷入了是"维持原状"还是"推倒重来"的摇摆之中。若"推倒重来"，感觉之前所做的努力都付之东流了；若是"维持原状"，又感觉连自己的"那道坎"都过不了。我想，先不管吧，好好研读一下新的义务教育课程方案和课程标准再说。

在接下来的学习中，我发现新的课程理念并不是对过去实践成果的忽视与颠覆，而是在发展中传承，在传承中创新。新旧课标之间不是非此即彼，而是你中有我，我中有你。我想，不存在艰难的抉择，我应该在新旧课标之间搭建一座互通你我，相互成就的桥梁，既让多年来教研教改的实践成果得以传承，又让新课标倡导的创新理念得到更好的落地。于是，我努力地寻找新旧义务教育语文课程标准之间的相通点、平衡点、融合点与创新点，在原有教改成果的基础上，注入更多的"双新"带来的新鲜血液，逐渐清晰并形成了专著新的架构内容。

我朝着既定的方向学习、思考、探索、书写，便有了这本书的诞生。书中每一个观点、每一个案例，都留下了我学习与思考的痕迹。这本书以《义务教育语文课程标准（2022年版）》的课程理念为指导，以具体的教学案例为依托，结合个人的教育观察、教学实践及教学反思，讲述了自己学习新课标的一些思考、感悟、收获和尝试。本书共六章，主要从义务教育语文课程性质、课程理念、课程目标、课程内容、课程评价等方面，就教师们特别关注的焦点和难点问题进行深入的交流与探讨，试图将高屋建瓴的"双新"理论跟接地气的实践操作及案例分析等结合起来，跟大家共同探寻"双新"理念有效落地的策略与途径。如果此书能对一线教师践行"双新"理念提供一些借鉴与参考，或是引发大家的一些思考与展望，那都是我极大的快乐，以及对我的鼓舞。

或许，这些观点还单薄，离我们的期待还有一定的距离；或许，对于某些观点的认识，我们会有不同的角度与深度。但我仍然满心欢喜地邀请您来我的书中做客，期待我们思想的碰撞，更期待您真诚的批评与指正。

与其说这本书的问世经历了一个较为复杂的"上下—取舍—守创"的过程，不如说是我自己经历了"疑惑—摇摆—坚定"这么一个起伏的心理历程。跌跌撞撞中，很庆幸，我没有放弃。这本书的诞生让我明白：敢于尝试，定能走出困惑、超越自己，哪怕只是一个转变、一次历程、一种觉悟。我把它送给亲爱的自己，感谢自己的不懈不怠；我把它送给挚爱的亲友，感谢亲友的不舍不离；我把它送给大爱的你们，感谢你们的不嫌不弃。

回首向来萧瑟处，归去，也无风雨也无晴。写书，何尝不是一次磨炼心智、自我成长的过程？敲上的最后一个句号，既是一个历程的结束，更是下一程征途的开启。人生处处是起点，只要迈出步伐，前方定能抵达。且以宠辱不惊、从容旷达的心态，一步一个脚印地走下去，必将更加坦然、更加笃定。以此，共勉！

周彩霞

2022年9月

目 录

第 一 章

价值引领，让学习预见美好的愿景

　　国无德不兴，人无德不立。习近平总书记在全国教育大会发表重要讲话，全面总结党的十八大以来教育改革发展实践中形成的新理念新思想新观点，围绕培养什么人、怎样培养人、为谁培养人这一根本问题，提出工作要求、作出战略部署，为加快推动教育现代化、建设教育强国、办好人民满意的教育指明了方向。（出自新华社新媒体《以立德树人铸就教育之魂——学习贯彻习近平总书记在全国教育大会重要讲话》）《义务教育课程方案和课程标准（2022年版）》对"培养什么人、为谁培养人"这一重大问题进行了进一步强化，全面落实习近平关于培养担当民族复兴大任时代新人的要求，结合义务教育性质以及义务教育课程定位，从有理想、有本领、有担当三个方面，明确新时代义务教育培养时代新人的具体要求。而《义务教育语文课程标准（2022年版）》（以下简称"新课标"）更是从学科特点出发，强调语文课程是一门学习国家通用语言文字运用的综合性、实践性课程，在"立德树人"方面发挥着奠基性作用。我们要在推广普及国家通用语言文字的过程中，培养学生的爱国主义、集体主义思想道德，使学生逐步形成正确的世界观、人生观、价值观。可见，语文课程承载着立德树人的重大使命，是学校德育工作的重要载体，在增强凝聚力、铸牢中华民族共同体意识，建立文化自信，培育时代新人，实现中华民族伟大复兴等方面具有重要的作用。

一、美之所在——语文于德育的独特优势

（一）有利于家国情怀的激发与培植

泱泱中华，巍巍华夏，语文教材通过讲述一个个生动感人的故事，为我们展开了一幅幅波澜壮阔的写满家国情怀的保家卫国奋战图。自"修身齐家治国平天下"的先秦、"匈奴未灭，无以家为"的汉唐、"鞠躬尽瘁，死而后已"的三国到"精忠报国"的两宋、"天下兴亡，匹夫有责"的明清、"我以我血荐轩辕"的民国，再到"为实现中华民族伟大复兴的中国梦而奋斗终生"的当代，一代又一代的中华儿女用热血和生命捍卫着国家的尊严。北海牧羊的苏武、忠贞不移的陆游、先天下之忧而忧的范仲淹、虎门销烟的林则徐、敢为人先的革命先驱李大钊等，这些仁人志士用爱国情感为我们书写着中华民族的浩然正气。家国情怀就这样代代传承，绵延不止，凝聚成岿然不倒的民族精神，成为中华儿女逐梦前行的不竭动力。毫无疑问，语文课程是最好的德育素材和途径，它让学生从小受到爱国主义的熏陶与教育，从小树立报效祖国的远大理想。

（二）有利于道德情操的涵养与提升

道德情操是一个人生命成长的基石，是教育永恒的追求。语文课程集工具性与人文性于一体，是对学生进行道德情操熏陶与教育的主阵地。文以载道，语文教材中那一篇篇文质兼美的作品为我们提供了一个个体悟道德修养的范本，从中我们可以感悟作者对生命的敬畏、对自然的热爱、对社会的担当、对理想的追求、对他人的尊重、对朋友的真诚、对幸福的向往、对不幸的豁达……这一切，都可以在语文教学中进行渗透，从而让优秀的道德品质滋润学生的心田，浇灌他们的心灵之

花。在潜移默化中，学生懂得了热爱与敬畏、感恩与珍惜、责任与担当、礼让与宽容、豁达与坚忍。让立德树人的根本任务在语文教学中落到实处，为学生的幸福人生奠定坚实的基础。

（三）有利于传统文化的传承与弘扬

中华优秀传统文化是中华民族在漫长的历史发展中留下的一笔宝贵的财富。中华传统文化囊括儒、佛、道等思想，包含文字、语言、书法、音乐、武术、曲艺、棋类、节庆、民俗等丰富内容，与我们的饮食起居、文化娱乐等息息相关。语文作为母语的重要载体，它的发生与发展跟中华传统文化是一脉相承的。新课标也明确提出中华优秀传统文化是语文课程内容的重要主题与载体。通过语文学习，学生可以深入发掘母语丰富的知识内涵，深刻感受中华传统文化的博大精深，在体验其独特魅力的同时，充分树立民族的文化自信，并积极担负起传承和弘扬祖国优秀传统文化的重任。

（四）有利于国家社会的稳定与发展

当今世界，国际大局面临着深刻的变化，我国正处在大发展大变革大调整时期。在前所未有的改革、发展和开放进程中，各种价值观念和社会思潮纷繁复杂，特别是崇洋主义、利己主义等观念对我国治国理政造成了冲击。而通过语文学习，提升学科核心素养，是有效抵制不良思想的有力武器，随着崇尚真知、明辨是非、学会批判等思维品质的逐渐形成，所有谣言及荒谬言论都会不攻自破。随着学生的语言运用、文化自信、审美创造等的不断提升，其爱家、爱国、爱他人、爱自己、爱社会的理想信念就会愈加强烈，这会对国家的发展和社会的稳定起到重要的推动作用。

语文是生命之根、文化之源，它具有丰富的知识内涵和深厚的人文情怀，是人们的精神家园。因此，语文课程在德育工作中具有得天独厚的优势。

二、美中不足——语文于德育的差强人意

（一）德育意识有待提高

德育关系到学生的行为习惯、道德观念、个人修养，关系到学生的学习、生活、交往，关系到学生的个体发展、社会的长治久安。"育人为本、德育为先"，更是成了新课改最大的亮点和焦点。毫无疑问，立德树人是发展中国特色社会主义教育事业的核心所在，是培养德、智、体、美全面发展的社会主义事业建设者和接班人的本质要求。然而，从实际来讲，受"应试教育"的影响，一些语文教师没有把德育作为一个重要的课程任务来执行，甚至有意缩短德育活动的时间，以便让学生把更多的时间和精力花在知识点的学习上，从而使德育的实施和成效远远低于我们的期望。

（二）德育方式有待改善

一些教师由于意识缺失，对德育的教研教改缺乏研究，采用的德育方式大多停留在传统的照本宣科式教学上，没有意识到师生互动交流的积极作用。单向灌输的教学模式不仅影响课堂氛围，而且无法培养学生主动参与学习的意识，无法保证德育质量。再者，学生作为独立的个体，拥有自己的思想，其道德修养的形成是一个长期、复杂的过程，需要不断地在互动中学习、在细节中渗透、在生活中践行、在修正中完善。因此，德育工作的方式方法是需要多途径、多探索、多反思、多实践的。

（三）德育资源有待挖掘

语文包罗万象，内涵丰富，从立德树人的层面来看，大到"修身齐家治国平天下"，小到人的一举一动、一颦一笑都与语文密切相关。语文教材本身就是一个资源丰富的德育读本，只是很多教师对教材的关注点只停留在挖掘语文学科知识点层面，让学生不断地进行字词抄写、句式转换练习、阅读技巧训练等。在传统教学方式的指挥下，大量机械重复的识记让学生学得苦、学得累、学得毫无生趣，教材中深层蕴含

的能激发学生灵性的东西往往被忽视。工具性和人文性是语文课程的基本特点，只有把两者结合起来，才能最大限度地发挥语文学科的育人功能。

（四）德育评价有待优化

德育实际上是"育德"的工作，德育的内涵、外延的丰富性和德育过程的长周期性、多维性，使德育评价不能以单一的"分数"或"量化"的形式来评定。不少教师习惯于用学业水平那样的评价方法去构建德育评价的指标，对学生的德育水平进行评分、划定等级，片面追求评价的客观和"硬性指标"，然而这些评价都不能反映学生道德行为提升的真实效果。德育评价归根结底是对人的道德认知、情感、意志和行为的评价。我们在评价中始终要坚持人文关怀，关注学生的行为表现和个性发展，让他们得到不断提升的机会、体验成功的喜悦，从而促使他们成长、成才。

三、美美与共——语文与德育的有机融合

语文课程承载着重要的德育使命及德育功能，如何实现语文与德育的"完美牵手"有待我们去进一步实践与探究。我们在语文教学中要牢记立德树人的根本任务，领悟语文核心素养的内涵，全面把握语文教学的育人价值，通过切合实际、行之有效的方法与途径将德育工作与语文课程有机融合，突出语文文以载道、以文化人的作用，引导学生在学习语言文字的过程中，逐步树立正确的世界观、人生观、价值观。

（一）榜样引领，熏陶感染

教育大计，教师为本。身教重于言传是古今中外的教育家无不强调的真理。青少年时期是世界观、人生观、价值观形成的关键时期。这个时期，学生可塑性大，模仿性强，教师是他们最直观的模仿榜样，教师的一举一动、一言一行都潜移默化地影响着学生，甚至对其一生都会产生深远的影响。一个有理想、有本领、有担当的教师，在学习和生活中

所传递出来的"身教"必定直接感染自己的学生，为学生树立起前进的旗帜，点燃学生心中的火种。车尔尼雪夫斯基说："要把学生造就成一种什么人，自己就应当是什么人。"教师崇尚真知、饱读诗书、出口成章、涵养高雅，处处彰显语文人的文化与审美，他的学生也会向着他的模样去生长；教师诚实守信、勇敢正直、礼让他人、严于律己，他的学生也会朝着这样的方向去努力。每天清晨或午后走进教室时，看到教师静坐一角，轻轻地翻开书页，沉浸在"快乐读书"之中，学生自然不会喧嚣与浮躁，也会悄悄地参与到"悦读"大家庭之中。

记得校园"小农田"劳动实践基地开发之初，我领着学生去种菜，由于校道改造，"小农田"的土地贫瘠，还满是石块和树根，给我们的初次种植带来了很多的困难，松硬土，砍树根，捡石块，拌肥料，没有一道工序是不需要出力流汗的。我二话不说，带头就干，学生在我的感召下，不怕苦，不怕累，干得热火朝天。特别是在混肥料的时候，一开始学生都捂着鼻子说："好臭！"我挽高裤腿，撸起袖子，拖起满满的肥料袋就往松好土的菜地上倒，学生看到了纷纷前来帮忙，满满一大袋的肥料很快就与一垄垄的松土搅拌均匀了。就这样，我和学生一起翻土松地，清理垃圾，平整土地，施肥，播种，浇水……忙得不亦乐乎。"老师，劳动真有趣！我学会了种蒜！""老师，这肥料好臭呀，不过我不怕！""老师，锄地可真累，真是'谁知盘中餐，粒粒皆辛苦'呀！""老师，在家里，爷爷奶奶、爸爸妈妈从不让我劳动，我觉得劳动挺快乐的！"参加劳动的学生，你一言我一语道出了自己的心声。在出力流汗、接受锻炼、磨炼意志的过程之中，正确的劳动价值观和良好的道德品质悄然植根于每一个孩子的心里。

事实证明，正人需先正己。教师要时时事事做学生的表率，在生活中用实际行动来诠释这样的做法是高尚的、道德的、优秀的和美丽的，孩子们在其言传身教下，也会朝着高尚、道德、优秀和美丽的方向生长。

（二）巧借经典，滋润心田

中华民族有着悠久的崇德重德、尚德倡德的优良传统，经过几千年的积淀、凝练，忠、孝、诚、礼、义、仁、智、信等道德因子流淌在华夏子孙的血脉里。精忠报国、坚贞不移、珍视情谊、守信礼让等为人们所乐道、为史家所褒扬的故事，更是不绝于耳。如何用好先辈留给我们的这笔宝贵的财富，让"立德树人"在语文课堂的收效实现"最大公约数"？充分利用好课前三分钟不失为一个理想的选择。

"传中华经典，扬传统美德"悄悄地成了我们班语文课堂的重头戏。课前三分钟是我们的"经典发布会"时间，学生轮流上台讲述（朗诵）自己心中的"中华经典"。"中华经典"内容以"传中华经典，扬传统美德"为主题，有故事系列、诗词系列、名言警句系列等。例如，成语是民族文化的结晶，蕴含了丰富的哲理，是德育的极佳素材，如"精忠报国""程门立雪""不耻下问""自食其言""水滴石穿"等成语故事。在学生讲完故事后，我引导他们评论该成语所讲述的道理或谈谈自己从中受到的启发，让学生从中学会保家卫国、尊师重道、做人要诚实守信、做事要持之以恒等人生道理。

再如，那些脍炙人心的经典诗词、名言警句，凝聚了先贤、伟人、强者、智者的思想精华，闪耀着真理的光芒。"臣心一片磁针石，不指南方不肯休""天行健，君子以自强不息""宝剑锋从磨砺出，梅花香自苦寒来""不以规矩，不能成方圆""老吾老，以及人之老；幼吾幼，以及人之幼""为中华之崛起而读书"……当学生向同学们介绍自己搜集到的这些经典语句，并在教师的引导下交流自己的感悟和心得时，思想的种子已在学生的心田里播撒。我们再指导学生有意识地在课内外对这些经典语句进行归类、积累、融会、交流，就能让学生在习得语言、提升表达、享受求知乐趣的同时，净化心灵，升华情感，树立正确的世界观、人生观和价值观。

（三）挖掘教材，渗透思想

语文不仅是重要的交际工具和信息载体，更承载着丰富的情感、深邃的思想和人类的进步与文明。新课标特别强调"以美育人、以文化人"的课程理念，语文教师要有一双发现和挖掘"美"的眼睛，把语言实践活动与丰富多元的美育、德育相结合，做好语文教材中德育资源的挖掘与整合，全面提升学生的综合素质与能力。

1. 于汉字中渗透

汉字教学是语文课程的重要内容，汉字内容博大精深，结构特点鲜明，对汉字内涵进行深层次的挖掘，不仅有利于学生全面掌握汉字的音、形、义，更有利于学生审美情操和道德修养的有效提升。在识字写字教学中，教师可借助图片、音频、视频等向学生呈现汉字的字理演变及讲解构字方法，同时，将其潜藏的美育、德育元素联系起来，引导学生明白做人处事的道理。例如，在学习"信"这个会意字时，教师引导学生体悟"信"：从"人"从"言"，意为人言为信，因言乃心声，凡人说话要落实才能见得人，故信之本义作"诚"解，即笃实不自欺亦不欺人。同时，教师引用《弟子规》中所言的"凡出言，信为先"，让学生明白说话、做事要三思而行，切勿信口开河，言而无信。类似的例子不胜枚举，教师要善于发现、善于利用。

此外，教师可以在写字过程中培养学生良好的行为习惯。第一，教师通过正确执笔、运笔和写字姿势的引导，让学生把字写规范、写端正、写工整、写美观，进而培养学生工工整整写字、堂堂正正做人的品性。第二，教师在写字训练中培养学生认真、细心的良好习惯。心静才能把字写好。教师可以让学生在细心观察、用心读帖时手脑并用、专心致志，有效地促进学生养成"专注"的良好习惯。这样的好习惯不但有利于学生学习，也有利于学生在生活中、做事时形成有条理、持之以恒的好品质。

2. 于文道中体悟

语文教材中收录了大量文质兼美的精品好文，有励志的人物传记，有感人的英雄故事，有壮阔的爱国诗文，有壮丽的祖国风光，充分体现了文以载道、文道合一的课程特点。教师要在明确每篇课文及每个单元人文主题的前提下，深入研读教材，从教材中挖掘德育渗透的融入点，将文章的精神内涵有效传递给学生，在语文教学中落实立德树人的根本任务。

例如，教师在《圆明园的毁灭》《狼牙山五壮士》《七律·长征》《开国大典》等课文教学中，唤醒民族的历史记忆，让学生牢记使命，振兴中华；在《詹天佑》《十六年前的回忆》《我的伯父鲁迅先生》《青山不老》等课文教学中，感受人物的光辉形象，为学生树立榜样，让学生学会担当；在《神州谣》《草原》《美丽的小兴安岭》《香港，璀璨的明珠》等课文教学中，领略祖国的锦绣山河，让学生心生向往，热爱祖国；在《对韵歌》《传统节日》《墨梅》《北京的春节》等课文教学中，唤起学生的民族文化自信，让学生弘扬传统，坚定信心；在《总也倒不了的老屋》《七颗钻石》《巨人的花园》《穷人》等课文教学中，让学生学习高尚的道德品质，知行合一，修身养性……教师通过一篇篇文道合一的选文，引领学生发现语言之美、山河之美、文化之美、人性之美，使学生在学习中，厚植家国情怀，坚定文化自信，增强自身修养，让立德树人的根本任务得到有效的落实。

3. 于品读中升华

于永正老师说："一个人能把课文读正确、流利、有感情，字词句的训练有了，语感训练有了，遣词造句、谋篇布局的能力有了，人文性也就在其中了。"朗读是语文教学中的重要任务，新课标在各个年段都对朗读提出了具体的要求。朗朗的读书声是语文课堂最美的声音。在读中悟，悟中读，让学生在披文入情中把文本读"活"，让学生思想受到净化，情感受到熏陶，"立德树人"自然是水到渠成的事儿。例如，教师在教学《开国大典》时，先让学生梳理课文描写了大典中哪些盛大隆重的场面，接着引领学生走进一个个盛大的场面，通过圈点勾画的方式把最能表现会场气氛的词句找出来，然后通过营造氛围、想象画面等方式引导学生有感情地朗读，让学生通过朗读充分感受当时人们"直奔会场""欢呼""欢跃""嗓子喊哑""手掌拍麻""欢呼声盖过了飞机的隆隆声"的激动、自豪的心情。在入情入境的朗读中，学生不光语文能力得到了全面的提升，强烈的民族归属感和自豪感也在心底油然而生。

语文教材中的课文，每一篇都充盈着丰富的情感，在教学中，我们要以情为基点，以悟为归宿，以读为主线，抓住最能体现文章主旨或细腻情感的重点语句，让学生品读感悟，读出轻重缓急，读得声情并茂，从而达到以情感人、以情育人的良好效果。例如，《十六年前的回忆》《我的伯父鲁迅先生》等课文，要让学生以低沉悲痛的语气，读出浓烈深切的哀思；《狼牙山五壮士》《少年中国说》等课文，要让学生以慷慨激昂的情感，读出响彻九天的壮志；《搭石》《去年的树》等课文，要让学生以亲切温情的语调，读出相互关爱的感动……通过有感情的朗读，实现心灵与文本之间真诚的对话，使学生的情感在朗读中升华。

（四）引入媒介，引发共鸣

德育是一项系统性、持续性的工程，不仅要落实在课堂上、课文中，还要延伸到课堂外。利用媒介的全方位、多功能、跨时空等优势，能为德育打开一片由课内通往课外、由单一通往多元的广阔的天地。如何引入媒介，打开语文课程与德育之间的有效链接呢？我为大家列举以下三大有效途径。

1. 读文

部编版语文教材在编排上实行"精读—略读—课外阅读"三位一体的编排模式，重视阅读方法的习得与运用，提倡多读书、读好书、读整本书。特别是"快乐读书吧"板块的巧妙设置，意在鼓励学生进行大量的课外阅读，增加知识和文化储备，让学生在阅读中获得综合素养的提升。例如，在学习《卡罗纳》这篇课文时，故事中的人物和情节触动了学生的心灵，我们就顺势给学生推荐这篇文章的原文《爱的教育》，告诉学生《爱的教育》里还有更多的感人故事、风俗人情、人文光辉等着我们去发现，进而引领学生走进《爱的教育》整本书的阅读。当一个个活灵活现的人物、感人至深的故事、发人深省的道理活跃在学生的脑海里时，学生自然而然地被作品感染、感动、感化了。又如，在学生学习了《桥》这篇小说，感受到老支书如山般的共产党员的光辉形象后，我们推荐学生阅读《焦裕禄》《邓稼先》《钟南山传》等反应人物赤胆忠诚、忘我奉献的作品，让这些"最可爱的人"成为学生追寻和崇拜的偶像，将德育渗透在广泛的阅读之中。

2. 读图

在学习过程中，因为有些课程内容离学生的生活年代比较久远，或者学生在现实生活中缺乏基本的认知基础，学生对一些内容理解起来比较困难，情感的共鸣就更无从谈起了。例如，在学习有关"家国之殇"人文主题的课文《好的故事》《少年中国说》《圆明园的毁灭》等时，学生理解不了在北洋军阀统治下的北京的暗无天日，理解不了清政府统治下的同胞们蒙受的屈辱之耻，这时候就需要具体的图片资料介入，让学生跨越时空感受真实的时代状态。当一幅幅满目疮痍，写满民族沧桑史和血泪史的历史图片展现在学生面前时，学生激越的家国情怀已被悄然唤起。又如，在学习有关"祖国风物"的课文《葡萄沟》《桂林山水》《黄山奇石》《富饶的西沙群岛》等时，我们可以结合具体的图片资料，让学生在身临其境中增强民族自豪感，甚至可以组织学生举办相关的图片展，让学生通过搜集及观赏图片、摄影作品等，更全面、更立体地感受祖国的幅员辽阔、地大物博。

3. 读影视

融文学、音乐、摄影等艺术精华为一体的影视资源，是一种最直接、最受欢迎的艺术形式。教师在语文教学中结合影视资源，可以充分激发学生的兴趣，调动学生的学习激情，达到事半功倍的教学效果。例如，在陆游的爱国诗篇《示儿》教学中，教师通过小视频呈现南宋、北宋的版图演变，让学生直观地看到北宋时期的半壁江山，包括北宋的都城汴梁都已被金兵占领，此时，北宋黎民百姓在金人统治下流离失所、民不聊生，而南宋统治者却苟且偷安，过着贪图享乐的腐朽生活。通过小视频，学生深刻感受到陆游爱国忧民、盼望祖国统一的迫切愿望。

此外，我们可以结合教材中的课文内容或人文主题，向学生推荐相关的影视作品。例如，在学习了《小英雄雨来》一课后，我们推荐学生观看电影《小兵张嘎》；学习了《青山处处埋忠骨》后，我们向学生推荐电影《长津湖》；等等。国内外许多优秀的影视作品，其实都跟我们语文课程密切相关，与教材中的单元人文主题可以建立对应的关系，是极好的德育资源，如《狮子王》《宝莲灯》《一个都不能少》《放牛班的春天》等，通过观赏这些优秀的影视作品，学生明辨真善美，摒弃假恶丑，不断提升自身的审美情操和道德修养。

（五）生活渗透，内化于心

古人云："博学之，审问之，慎思之，明辨之，笃行之。"教育教学要与学生的生活相结合，让课程融入学生生活，让学生可以在生活中学习、感悟、反思、实践，这也是新课改倡导的重要的课程理念。语文课程作为一门学习国家通用语言文字运用的综合性、实践性课程，更应该让学生在做中学，在用中学，在创中学。作为语文教师，我们应该结合课程内容，引导学生在关注现实、体验生活的过程中学习和运用祖国语言文字，并对生活和社会现象形成正确的立场和态度，进而将其内化为自己的思想和行动，使立德树人的根本任务落到实处。

1.特别节日中感悟成长

语文课程中有关传统节日、节气、民风、民俗的内容比比皆是，这些内容与学生的生活息息相关，以此为德育素材，既有利于巩固语文学习，又架起了德育与生活之间有效沟通的桥梁。在传统节日里，我们可以组织学生去探究节日的来源、各个地方的习俗、节日蕴含哪些传统文化以及如何传承这种文化等。例如，端午节，主要是为缅怀先辈，铭记功德，向屈原致敬而设的，我们可以引导学生了解屈原的生平经历、政治抱负；可以通过学习屈原的诗词，深入感悟屈原的民族情怀；也可以传承和弘扬端午节的一些习俗文化；等等。最后，我们可以通过手抄报或研究报告的形式，把学习成果展示给大家看。这样的"梳理与探究"实践活动，既提高了学生搜集、整理、采访、合作、分析、评价等能力，又增强了学生的民族情怀和爱国主义情感。再如，春节期间，我们可以给学生布置"写除夕感言""贴新春对联""寻春节文化"等形式的寒假作业，让学生留心观察春节期间的人事景物，进一步感受和弘扬祖国传统文化。

我国历法中的二十四节气，不光揭示了天文气象变化的规律，更蕴含着丰富的人生哲理。例如，谷雨，寓意雨生"百谷"，庄稼、万物在雨水的滋润下迅速生长。我们可以让学生走进地里田间，感受这个时节农作物的迅猛生长，还可以让学生搜集"春雨贵如油""随风潜入夜，润物细无声""蜀天常夜雨，江槛已朝晴"等应节的诗句，体会春雨的珍贵无比，更重要的是启示学生：我们亦如谷雨时节的万事万物，要倍加珍惜人生中最宝贵的"拔节期"，汲取阳光雨露，茁壮成长。

2. 主题活动中学会担当

习作是语文学习活动中浓墨重彩的一笔，优秀的习作必定是充满真情实感的，而真情实感必定来源于生活，来源于真实的体验。只有贴近学生生活实际的习作素材，才能让学生乐于动笔、善于表达，才能让学生在表达中形成热爱生活、积极向上的生活态度，养成的良好品德。组织学生参加形式多样的德育主题活动，既能丰富学生的习作素材，又能让学生在活动中提升素养、学会担当。

德育主题活动力求主题鲜明、有益有趣，最好还能与语文课程内容有机融合，让活动既有认知基础的支撑，又经受得起实践的考验，让学生在轻松、愉悦的氛围中提升自身的道德修养。例如，在学习了课文《只有一个地球》，学生意识到地球是我们唯一的家园，应该携起手来共同保护环境后，我们组织学生开展"环保公益我在行动"主题活动，学生通过"讲述我心中的绿色家园""垃圾分类我先行""节能减排小先锋""变废为宝小达人""创办环保手抄报"等活动体现了自己以实际行动保护环境。活动的最后，我们让学生选择触动自己内心的活动片段（篇章），把它写下来跟大家分享。这样的环保主题活动，既落实了语文课程任务，又宣传了环保知识和环保理念，提高了学生的环保意识，增强了学生保护环境的自觉性和主动性。再如，学习了《千年梦圆在今朝》后开展国防科技主题活动，学习了《父爱之舟》后开展"孝亲感恩"主题活动，等等。我们除了要结合语文课程内容外，还要利用好各级各类社会实践活动基地，如图书馆、博物馆、主题公园等，让这些优质的场馆资源为德育主题活动注入新活力。此外，随着信息化时代高速发展，德育主题活动需要与时俱进，活动的设计与组织形式需扣紧时代的脉搏，符合学生的实际、兴趣，满足学生需要。

3. 多元评价中体验成功

德育工作目标指向立德树人，具有终身性与实践性的特点，因此生活实践是德育评价的主要依据，知行合一是德育工作在学生身上取得实效的最直接的体现。德育评价实质上是一项教育价值判断活动，讲究评价主体的多样性、评价方式的多元性、评价过程的民主性、评价结果的导向性，评价要立足学生的发展，以过程性评价和表现性评价为主，需要学校、家庭、社会的共同参与。

第一，全员评价。就评价主体而言，不仅有校园里的教师、同学，更有广阔社会空间里的男男女女、老老少少，家庭成员中的爷爷奶奶、爸爸妈妈等，每一个学生足迹踏及的地方，都是评价主体对学生观察的窗口。因此，我们要以评价为导向，关注学生待人接物、言行举止等日常生活细节，并通过不同评价主体的反馈，对学生进行及时的表扬和引导，促进学生良好行为习惯的养成。例如，在班级里开展"我是文明小天使"评选活动，在社区里开展"小小志愿者"实践活动，在家庭中开展"今天我当家"体验活动，等等，我们通过不同层面的评价主体，彼此靠近、彼此唤醒、彼此影响、彼此促进，让学校、家庭、社会的协同育人更有实效、更长效。

第二，全方位评价。当今世界，社会发展日新月异，青少年的成长环境经历着深刻的变化，人才培养面临着不断的挑战，教育必须聚焦中国学生发展核心素养。德育评价亦然，这就需要我们从道德品质、公民素养、学习能力、劳动能力、交流与合作、运动与健康、审美与表现等方面全方位地对学生进行综合评价。因此，我们要关注学生生活、学习的方方面面，大到理想信念，小到着装礼仪，时时、处处、事事为学生的健康成长保驾护航，特别是在一些关键环节上，要凝聚多方力量深度参与，给予学生及时的鼓励、关爱、帮助及指导，让学生在每个生活细节中都能体验到成功的快乐。

第三，全过程评价。德育是一项长期性、复杂性的工作，需要教师、家长等持续的指引和陪伴。例如，结合五年级上册"舐犊之情"人文主题单元的学习，我们在班级里进行"感恩父母"系列活动。从活动任务的设计、评价标准的制定到活动过程的推进、活动评价的落地等，教师和家长全程关注和跟进，并把感恩行动纳入"常规作业"，引导学生帮父母拖地、做饭、洗衣、洗碗、捏背等，让学生懂得体恤父母、回报父母。在家长、教师的全程参与、全程互动下，通过一张张照片、一个个小视频、一封封家书等，我们收获了"给爸爸妈妈一个拥抱""今天我当家""给父母的一封信""制作感恩卡"等实践活动的喜人成果；学生在享受过程、享受成功中知恩、感恩、报恩，在充满爱与关怀的人文氛围中发展、成长。

育德为先、以文化人是语文课程的重要使命。作为语文教师，我们要在"立德树人"理念的引领下，在言传身教中渗透德育，在课程内容中挖掘德育，在资源拓展中整合德育，在主题活动中优化德育，在生活实践中检验德育，引领学生在日常学习和生活中培育和践行社会主义核心价值观，成为有大德、大爱、大情怀的人。

第二章

素养为纲，让学习聆听时代的声音

    落实立德树人根本任务，培养有理想、有本领、有担当的时代新人是中国特色社会主义新时代教育的主旋律。新课标，充分体现了党和国家对新时代义务教育人才培养的指导思想，它在总结2001年版和2011年版义务教育语文课程标准取得的宝贵经验的基础上，延续了其中的核心理念和设计思路，对语文课程的结构和内容做了调整、补充和完善。例如，新课标中"语文课程的综合性、语文学习的实践性、语文课程设计的层阶性"等课程理念基本是对2011年版课标的延续，而2011年版课标的育人目标定位在"提升学生的综合素养"上，没有对"语文素养"做出明确的定义。新课标则在守正创新中，提出了"语文课程要致力于全体学生核心素养的形成和发展"，并阐释了语文课程要侧重培养的核心素养的内涵、指向及其价值。

    新课标指出："义务教育语文课程培养的核心素养是学生在积极的语文实践活动中积累、建构并在真实的语言运用情境中表现出来的，是文化自信和语言运用、思维能力、审美创造的综合体现。"语文核心素养实质是立德树人根本任务在语文课程上的具体化表达。它结合语文课程特点，从价值观、必备品格和关键能力几个维度，为我们时代新人形象做了美好的展望和具体的刻画。

一、怀揣家国之情——文化自信

文化自信位列核心素养之首，既体现了党和国家对"为党育人、为国育才"的坚定决心，也体现了文化自信于个体而言是最亮丽的人生底色。文化自信是站在国家发展和个人成才的高度上提出来的，具有深刻的历史背景和深远的时代意义。

新课标明确指出："文化自信是指学生认同中华文化，对中华文化的生命力有坚定信心。通过语文学习，热爱国家通用语言文字，热爱中华文化，继承和弘扬中华优秀传统文化、革命文化、社会主义先进文化，关注和参与当代文化生活，初步了解和借鉴人类文明优秀成果，具有比较开阔的文化视野和一定的文化底蕴。"

新课标还指出，"中华文化"是课程内容的主题与载体形式，主要由"中华优秀传统文化""革命文化""社会主义先进文化"三部分组成。可见，语文课程是学生接触、理解"中华文化"最佳的途径、最好的阵地。

那么，如何利用语文课程，培植和发展学生的文化自信呢？我们可以通过以下四个途径去践行。

（一）在浸润与对话中构建文化认同

文化认同是以一种特定的社会关系形式把自然生长的观念和扶持的观念结合在一起所形成的共同的文化观念，文化认同的构建是一个持续的、不断培植的过程。因此，学校、家庭、社会共同营造的良好的文化氛围，应该贯穿国民教育的始终。在语文课堂中，文化认同更多体现为一种柔性的、渐进的熏陶与濡染，通过浸润与对话进行渗透与融入。下面以部编版教材四年级上册《精卫填海》教学片段为例。

师：同学们，我们看这幅图片（课件出示东海与精卫对比图片），你会用什么词来形容东海和精卫呢？你觉得精卫能把东海填平吗？

生：东海是波浪滔天的，而精卫是那么的弱小，我觉得精卫不可能把东海填平。

师：是呀，它们的强弱对比是那么的明显，可是精卫却无所畏惧。想象一下，它们在一起互相会说些什么呢？同桌互相演说一下。

（小组演练后做汇报）

东海：弱小的精卫，你衔来这么小的树枝和石头，怎么可能把我填平？

精卫：木石再小，我再弱小，只要我坚持不懈，总有一天会把你填平。

师：大家看到了一只怎样的精卫？

生：坚持不懈（有恒心、有毅力等）。

师：同学们，精卫只是一只小小的鸟，它怎么可能把东海填平呢？但是它却被寄予了人们美好的愿望，精卫早已成为勇气非凡和坚持不懈精神的象征。其实，中国神话故事里还有很多像《精卫填海》这样的故事，它们都反映古代劳动人民探索、征服大自然的强烈愿望和顽强意志。我们看图（课件出示中国古代神话插图），你能说出这些故事的名字吗？

生：《愚公移山》《夸父逐日》《女娲补天》《大禹治水》《盘古开天地》《刑天舞干戚》《黄帝战蚩尤》。

师：是呀，他们坚持不懈的精神已经融入中华民族的血液之中。千百年来，他们的这种精神一直鼓舞着中华民族克服重重困难，创造出一个又一个奇迹。你还能列举现实生活中有哪些通过坚持不懈的努力为国家和民族做出巨大贡献的中华儿女吗？

生1：邓稼先。

生2：袁隆平。

生3：中国女排。

生4：中国航天航空工程的科技人员们。

......

在浸润与对话中，学生感受到神话人物的顽强不屈和神话世界的无穷魅力，感受着中华文明的传承与发展。每节课，我们都要有意识地引导学生进行思想的碰撞，从远古到当今，从课内到课外，从认同到赞颂，让中华文化的种子在学生心中不断地播撒，继而生根、发芽。

（二）在积累与梳理中丰富文化积淀

中华文化的主要成果是以语言文字的形式保存下来并传承下去的，因此，语言文字的积累与梳理不光是语文课程的基础性学习任务，更是丰富学生文化积淀的主要渠道。下面以部编版教材六年级上册《伯牙鼓琴》教学片段为例。

师：这是一个有关知音的故事，故事发生在2500多年前的中秋那天，俞伯牙和锺子期在汉阳江边相遇了，你从文中哪些地方读出俞伯牙和锺子期是知音呢？

生1：我从"方""少许之间"中体会到锺子期能迅速体会俞伯牙的弦外之音。

生2：我从两个"善哉乎"体会到锺子期听懂了俞伯牙的琴声，明白了懂得并欣赏自己志向和情怀的人便是知音。

师（角色代入俞伯牙）：当我弹奏时心里想着高山，子期你看到了什么？（引读）

生（角色代入锺子期）："善哉乎鼓琴，巍巍乎若太山。"

师（角色代入俞伯牙）：当我心里想着流水，子期你听到了什么？（引读）

生（角色代入锺子期）："善哉乎鼓琴，汤汤乎若流水。"

师：你是如何表达自己看到的泰山是巍峨雄伟的，流水是浩浩荡荡的？

生：有感情地朗读，读出高山巍巍、流水汤汤的感觉。

师：俞伯牙的琴声还表现出了哪些动人的情景呢？

生：皎皎明月、徐徐清风、袅袅炊烟、潇潇春雨……

师：假如你是锺子期，你会怎样赞叹呢？用上类似的句式。（出示句式提示）

生：善哉，皎皎兮若明月。

善哉，徐徐兮若清风。

善哉，袅袅兮若炊烟。

善哉，潇潇兮若春雨。

……

在教学中，教师结合生活实际和学生个体的独特感受，让学生在积累、梳理、运用"巍巍高山、汤汤流水、皎皎明月、徐徐清风、袅袅炊烟、潇潇春雨"等语言的同时，感受中华文化的丰富内涵及"知音文化"的深刻寓意。

（三）在拓展与运用中加深文化理解

中国诗词以其凝练的语言、丰富的内涵、清丽的神韵，影响着一代又一代的中华儿女，甚至跨越国界，将真善美传递到世界各个角落。2020年春节，新型冠状病毒开始在武汉肆虐，与我国一衣带水的邻邦日本送来了援助物资，跟随它们一同过来的还有抗疫物资上的中国古诗句"岂曰无衣？与子同裳"，表示在疫情面前，我们是携手对抗的战友，共穿战袍，一同面对凶悍的敌人。这件事流传开来后，第五季《中国诗词大会》总冠军彭敏选择了《诗经》中的这两句诗作为回赠——"投我以木桃，报之以琼瑶"，表示中国历来是礼仪之邦，君子之国，对于日本的帮助，我们必定会铭记于心，也会在对方遇到困难时，施以援手。以此为契机，我让我们班的学生也学着用我们中国的诗词来赞扬疫情期间感动我们的人和事。下面是我们班学生的真实心声：当我看到84岁高龄，与病毒战斗了大半辈子的钟南山爷爷眼中泛起激动的泪光时，我想到了"鞠躬尽瘁，死而后已"；国难当前，当我看到一批批人民子弟兵用血肉之躯筑起守护人民的钢铁长城时，我想到了"捐躯赴国难，誓死忽如归"；当我看到"吹哨人"李文亮医生生命永远定格的那一刻，我想到了"人生自古谁无死，留取丹心照汗青"；当我看到在艰苦的环境下依然不肯落下一节网课，刻苦学习的大姐姐时，我想到了"天行健，君子以自强不息"……可见，在具体情境中，有感而发地拓展与运用中华文化，让学生对中华文化的理解与认同变得更加深刻了。

（四）在梳理与传播中加强文化参与

文化参与是了解、认同、热爱、传承中华文化最直接、最有效的途径。文化参与对于小学生而言，主要体现在对文化的梳理与传播两大方面。

1. 梳理

语文教材所涵盖的中华文化内容丰富、主题鲜明，但是缺乏系统性和序列性。我们可以把相同主题的内容加以梳理和整合，帮助学生更全面、更系统、更多元地了解中华文化。例如，在学习中华经典诗文中，我们可以根据古诗文的内容、主旨等进行归类，引导学生开展主题式学习，通过同一主题或题材，不同时代背景、不同作品风格的古诗文的归类及对比学习，帮助学生从共性中捕捉个性，从个性中提炼共性，感受中华经典独特的艺术魅力。在《送别》《赠汪伦》《黄鹤楼送孟浩然之广陵》等送别诗中感受诗人的离情别绪，感悟友人之间的深情厚谊；在《静夜思》《枫桥夜泊》《春夜洛城闻笛》等思乡诗中感受他乡游子漂泊、凄凉、孤寂的心境以及他们对家乡、亲人的深切思念；在《春望》《示儿》《夏日绝句》等爱国诗中感受作者慷慨激昂的民族情怀……久而久之，学生在脑海里也会自觉或不自觉地对"经典诗文储备库"里的内容进行归类和整理，在某个节点、某个场景的触动下，记忆匣子就会打开，随之蹦出那一首让我们拍手称妙的经典诗文。

2. 传播

中华文化跟我们的生活息息相关，修身齐家、个人成长、饮食起居、风俗节气、待人接物、身心娱乐都是文化的缩影，用学生喜闻乐见的方式去学习和了解、传播和传承中华文化是我们亟待去践行的事情。

例如，我们通过体育、美育、劳动、道德与法治等跨学科学习及实践活动，引领学生传播和传承中华文化。特别是中华诗词，从代代传诵的唐诗宋词到朗朗上口的蒙学读物，从千年流韵的名篇雅言到慷慨激昂的红色经典，它们汇聚成耀眼夺目的中华民族的文化瑰宝。我们可以通过声情并茂地配乐朗诵，以诗词作画、以诗词编写歌曲、以诗词表演等方式引领学生去传播和传颂，享受中华经典带给我们心灵的震撼与洗礼。

文化自信是民族自尊心、自信心、自豪感的综合体现，是人生最亮丽的底色。我们要将中华文化春风化雨般渗透、融合于学生日常的生活与学习之中，开阔其文化视野，丰厚其文化底蕴，打通文化意象与学生个体生命之间的通道，为学生的终身发展奠定扎实的基础。

二、踏上践行之路——语言运用

语言运用是语文核心素养的依托和基础，离开了语言运用这条通往核心素养的必经之路，学生核心素养的发展与培育将无从谈起。新课标指出："语言运用是指学生在丰富的语言实践中，通过主动的积累、梳理和整合，初步具有良好语感；了解国家通用语言文字的特点和运用规律，形成个体语言经验；具有正确、规范运用语言文字的意识和能力，能在具体语言情境中有效交流沟通；感受语言文字的丰富内涵，对国家通用语言文字具有深厚感情。"可见，语言运用主要包含语料积累、语感建构、语言表现等几个重要因素。在语文教学中，我们要以这几个要素为抓手，努力打造学生语言运用的内核。

（一）积累语料，夯实语言运用基础

语料积累，是指在语言文字的阅读过程中，识记、储备并整理出文质兼美、丰富多样的语言材料。语料积累是语言运用的基础，任何一种语言的运用都始于语料积累，离开语料储备和积累，语言运用就会成为无本之木、空中楼阁。语料积累越扎实有效，语言运用就越轻松自如。因此，在教学中，我们要把积累语言材料作为第一层面的教学目标来扎

实推进，把一个个文本视为一个个丰富的语言素材库，让积累语料成为语文课堂中一道"返璞归真"的家常菜。

如何引导学生进行有效的语料积累呢？首先，我们要敏锐地捕捉文本的语用特点，从字、词、句、段、篇等方面梳理积累的角度。例如，在《跳水》的教学中，我让学生默读课文1～4段，梳理整合有关描写船长儿子神态、动作变化的词语，学生从"笑得很开心""哭笑不得""气得脸都红了""气极了"等神态描写中感受到船长儿子在猴子肆无忌惮的挑逗下，变得忍无可忍了；从"望""吓唬""大喊大叫""脱""爬""追""攀""伸""夺""追赶""喊""放开""张开""走""取"等一系列的动作描写中进一步感受船长儿子的气急败坏。学生在关注词语表达意思、表现形式的同时，感受作者列夫·托尔斯泰锤炼语言的精确之美。可见，巧妙的语言积累，跟体味语言的表达魅力是有机结合的。在教学中，首先，我们要善于挖掘文本的语用亮点、美点，从一个文眼、一组好词、一处耐人寻味的佳句、一种富有情感的抒情方式、一个思路清晰的"总分总"的结构模式、一种富有情趣的修辞手法等多角度引领学生对语言进行归类整理，积累语料。其次，我们通过读、背、抄、记等积累途径与方式，把这些丰富的语言材料归类、整理并储备起来，形成各具特色的语言图式。最后，我们要通过有针对性的训练，让学生在不同的情境中调用大脑中形成的语言图式，对积累的语料在运用中加深理解，加以巩固。例如，我们在新授课文时，让学生把文本中的生词、好词有意识地组合起来，写一段与授课内容相关的语段；仿照文本某一段独具特色的表现手法，如通过环境烘托心情、总分总结构模式、以动衬静的描写方法等，进行仿写练习，让学生的语料积累既扎实又灵动。

（二）建构语感，破译语言运用密码

叶圣陶先生曾指出："文字语言的训练，我以为最要紧的是训练语感，就是对语文的锐敏的感觉。"语感是语用能力的核心，关系到学生语言能力的高下，体现为语言个体对语言对象的直觉和感受。语感虽然具有不可捉摸性，但是它的获得与整理绝非不可知。在语文教学这个层面，我们主要通过以下三方面去落实。

1. 读中悟

培养语感最好、最直接的方式就是让学生朗读。有感情、有韵味地朗读，不仅给人一种听觉享受，更是学生以个性化视角解读文本、内化语言的过程。例如，《匆匆》一课中："燕子去了，有再来的时候；杨柳枯了，有再青的时候；桃花谢了，有再开的时候……"学生在深情的朗读中，感受文字的结构美、韵律美及意蕴美。在熟读成诵的过程中，学生的语感也随之不断增强。

2. 品中悟

语感的获得是一个积淀语言图式，敏化、优化语言的过程。琢磨精彩词句、品味段落篇章的精妙是加强语感的有效途径。学生可以从中习得语言规律，将语言图式在头脑中定格下来。例如，在部编版教材五年级上册说明文主题单元的教学中，教师通过对《太阳》和《松鼠》两篇课文语言特点进行对比，引导学生区别一般性说明文及文艺性说明文的表达特色。教师通过品析"玲珑的小面孔，衬上一条帽缨形的美丽尾巴，显得格外漂亮""松鼠轻快极了，总是小跳着前进，有时也连蹦带跑"等形象生动的语句，让学生感受作者如何通过活泼的语言、人格化的手法，写出了松鼠的乖巧、驯良、调皮可爱。

3. 写中悟

语感建构，是在听与读的语言输入、说与写的语言输出中达成的，是学生对语言内化、加工、改造的过程。教学中，我们要给学生创造自主探索的机会，给学生及时、恰当地安排一些仿写强化练习，有效提升学生口头表达能力和书面写作能力。这种语感构建，不同于专门的写作指导课，是分散、灵活、随时随处地培养学生的语感。例如，《祖父的园子》课文中："黄瓜愿意开一朵花，就开一朵花，愿意结一个瓜，就结一个瓜。若都不愿意，就是一个瓜也不结，一朵花也不开，也没有人问它。"作者萧红用抒情化的语言，写出了自己对自由的向往、对园子的热爱、对童年的怀念。品读完这些优美而富有情趣的语句，我创设情境，让学生放飞想象，用"……愿意……就……"的句式写写园中的其他植物或动物。学生马上给了我别样的惊喜，如"一切都那么随意，那么自由，葡萄愿意结一串果就结一串果，南瓜愿意开一朵花就开一朵花，蝴蝶愿意停在哪儿就停在哪儿，蚂蚱愿意跳上墙就跳上墙，蛐蛐儿愿意歌唱就放声歌唱。"这种简便灵活、学以致用的小练笔，不仅加深了学生对文本的理解，而且促进了学生语言意识及语感的形成。

（三）表现语言，实现语言运用价值

语言表现是学生语感经验和语用实践综合作用的结果。良好的语言表现是在不断地表现语言之中累加生成的，我们要有意识地创设机会与情境让学生去表现语言（包括口头表达与书面表达），使其不断迈向出口成章、下笔成文的理想境界。书面表达方面的语言表现更多体现在学生的习作上。下面主要介绍如何在课堂教学的主阵地上对学生进行有效的口头表达方面的训练，让学生在表现语言的过程中，体验语言运用的获得感。

1. 以述练说

以述练说，即利用课文资源，让学生在融会贯通的基础上复述课文。心理学家通过实验发现，对于人的大脑来说，复述是让短时记忆变成长时记忆的一把"钥匙"，复述可以让一部分语言信息变成长时记忆。复述不仅仅是一种练习说话的方式，更是一种提高课文语言长时记忆能力的途径和扩大学生语言内存的有效手段。例如，在教学《赤壁之战》时，在读通课文，整体感知后，我留出几分钟时间让学生用喜欢的形式再读课文，边读边想象当时的情景，然后让学生进行同桌间的课文复述交流，最后再让一名学生在全班范围内进行交流。复述时，我要求学生不能机械地口头重复课文内容与情节，更不能用背诵或翻译代替复述。我引导学生把着力点放到复述过程的拓展想象上，启发学生将原文

内容从不同感官的角度分解成所能感受到的视觉、听觉、嗅觉和触觉等方面的信息，通过信息的转化，用生动的语言去描绘一幅幅立体画面，使复述课文更加形象化，在潜移默化中提高学生的表达技巧。

2. 以情促说

以情促说，即利用课文生成合适的情境，让学生进行表达训练。比如，在《卖火柴的小女孩》教学中，我要求学生以小女孩的身份向奶奶倾诉自己的悲惨遭遇。这个说话训练就是基于课文情境设计的，课文内容和语言可以为学生说话提供多方面的支持，即学生依据课文内容和语言构建话语表达自己的思想，将自己阅读课文时获得的感悟重新加以整理，以表达促进理解，使读写相得益彰。我们课本上有不少小说或故事，学生可通过学习理解，将其改编成课本剧进行表演，如《自相矛盾》《将相和》《奴隶英雄》等。我们可以要求学生根据不同的角色，把课文内容表演出来，通过这种形式，有效地提高学生的学习兴趣，帮助学生树立自信心，提升口头表达能力。

3. 以词带说

以词带说，即运用规定的词语描绘情境。比如，我们在教学《开国大典》这篇课文时要求学生运用"诞生、隆重、陆续、肃静、宣告、瞻仰、检阅、飘拂、欢呼、欢跃、迎风招展、排山倒海、长城内外、大江南北、五颜六色"等词语描述开国大典时的壮观场面以及人们激动、自豪的心情。由于内容是给定的，学生可以将全部注意力集中在对这些词语的组织运用上。这是一种极富挑战性的表达练习，需要学生运用自己的语言智慧来应对；这种练习也有很大的适应性，可以满足不同层次的学生的能力需求，语言运用能力好的学生能全部运用，语言运用能力一般的可少用几个。这种方法十分简便易行，不仅可以加深学生对词的理解，而且可以提高学生的语言表达能力。结合课文，我们想方设法紧紧依托课文所描述的情景和重点词语，激发学生的语用兴趣，让学生各显神通地进行语用尝试，进行联词组段、再造情境的表达训练，让语文课堂教学的模式发生根本性的变革：一篇篇课文不再是师生分析讨论的中心，而真正变成学生的语用蓝本和示范性"例子"。

4. 以问导说

以问导说，即通过师生间的问答练习，对学生进行表达训练。这几乎是每堂阅读课上不可缺少的练习，只是很多教师重点追求的是问题答案的正确，而不是问题语言表达的正确。如果能够将后者当作训练目标，并适当给予指导，那么这类表达练习对学生熟练地组织话语和连贯地表达思想都将是一种非常好的训练。我们的课文编排每个单元的内容都有相对的集中性，有写人的，有叙事的，有写景的，有状物的。作为教师，我们可结合课文的内容，引领学生交流与课文内容相关的一些话题，如学习了《"精彩极了"和"糟糕透了"》一文后，要求学生说一说生活中父母对自己无微不至的关爱体现在哪些小事当中，回忆曾经的一幕幕，说说自己当时的所感所想，谈谈自己对父母的爱的方式的理解。这种训练方法主要是引导学生关注生活、理解父母、热爱父母、表达自己的真情实感，锻炼他们组织语言和表现语言的能力。

5. 以白引说

以白引说，即基于课文内容的"留白"部分放飞想象，引导学生说话。"留白"是指作者在创作中，有意无意地造成的隐蔽、残缺、中断、省略的部分，即"笔所未到，意有所忽"之处。一千个读者心中有一千个哈姆雷特。这就是课文留白处给我们带来的无限学习机会。我们应该科学合理、巧妙又智慧地抓住课文的空白处，让学生合理想象，大胆创新，挖掘已有的知识储备，进行口头表达能力的训练。例如，在学习《黄鹤楼送孟浩然之广陵》这首古诗时，我们通过赏析使学生了解古诗的主题和意境后，引导学生想象送别时的景象，诗人与好朋友的动作、语言、心情等，让他们"穿越时空"来到黄鹤楼，把看到的、听到的、想到的说出来。学生插上想象的翅膀后，就能站得更高、看得更远，同时丰富了古诗的内容，绵延了古诗的意境。

总之，我们要遵循"有的放矢""有机渗透"的原则，以课堂为主阵地，让学生在灵动的课堂交流中提高口头表达能力，感受表现语言的无限乐趣。

语料积累、语感建构、语言表现三者之间，你中有我，我中有你，它们共同构成了语言运用的内核，为培养学生的核心素养奠定了扎实的基础。一句话，义务教育语文课程培养的核心素养，是学生在积极的语文实践活动中积累、建构的并在真实的语言运用情境中表现出来的。

三、探寻智慧之光——思维能力

教育学家顾明远先生说："教育的本质在某种意义上来讲就是培养学生思维，培养学生思维的改变。"思维能力是内化语文课程核心素养的关键所在，语文课堂理应闪耀智慧的光芒。

新课标指出："思维能力是指学生在语文学习过程中的联想想象、分析比较、归纳判断等认知表现，主要包括直觉思维、形象思维、逻辑思维、辩证思维和创造思维。思维具有一定的敏捷性、灵活性、深刻性、独创性、批判性。有好奇心、求知欲，崇尚真知，勇于探索创新，养成积极思考的习惯。"语文教师要充分利用学科资源，关注并培养学生的思维能力，将学生的内在思维外化为语言表达。

（一）启发想象，激活形象思维

想象能力是思维能力发展的基础。只有具备了较强的想象能力，才能激活和开拓思维。小学生处于想象力发展的黄金时期，经常会产生奇特无比的想象。我们要牢牢抓住这一特点，通过各种方式，启发学生展开丰富的想象。

1. 创设情境

部编版教材三年级下册《荷花》一课的第四段："我忽然觉得自己仿佛就是一朵荷花，穿着雪白的衣裳，站在阳光里。一阵微风吹过来……蜻蜓飞过来，告诉我清早飞行的快乐。小鱼在脚下游过，告诉我昨夜做的好梦……"文章写得很美。我通过多媒体课件先让学生欣赏了满池的白荷花，然后让学生美美地品读这段话，最后让学生闭上眼睛听我配乐范读，边听边想象：此刻，你就是这朵白荷花，你仿佛看到了什么？听到了什么？伴着美妙的画面和舒缓的音乐，学生尽情地放飞想象的翅膀——露珠、荷叶、莲蓬、水草、微风、柳条、青蛙、小鸭、小朋友等纷纷出场，他们带来的充满童真、童趣的对话更是让我们忍不住感叹：孩子的想象中饱含无数的可能。

2. 文本补白

在部编版教材三年级上册课文《总也倒不了的老屋》一课的教学中，为了引导学生在阅读过程中提高自身的思维能力，在教学时，我结合文本，设置有层次的问题来引发学生进一步思考。例如，文中的老屋说了几次"我到了倒下的时候了！"可是在遇到了小猫、老母鸡、小蜘蛛等动物后，老屋都答应它们先等等，并帮助了它们。作者直到文章结尾都没有交代老屋有没有倒下。针对这样的文本留白，我让学生想象，老屋后来还会遇到哪些小动物？它会不会倒下呢？学生纷纷发挥想象和发表看法。一个个情境小故事的生动补充，不仅加深了学生对课文主题的理解，更锻炼了学生的思维能力。

3. 联系生活

利用学生已有的生活体验，通过阅读中发掘的能引发学生思考的问题来激发学生的想象力。例如，在部编版二年级上册《雾在哪里》一课的教学中，我让学生想象：淘气的雾孩子还会到处跑呢，想象一下，他还会来到哪里？他把什么藏起来了？藏起来的景色又是什么样的呢？这样的问题，既有趣又与学生的生活实际密切相关，能有效培养学生的发散性思维。学生兴致盎然地代入情境，跟着来到公园、操场、森林、草地、游乐场等地方的雾孩子，演绎着不一样的故事。

（二）借助图表，构建逻辑思维

借助图表将关键信息、结构关系、先后顺序、思考路径等通过可视化方式呈现出来，有助于学生观察、比较、分析、综合、推理等逻辑思维能力的发展。

1. 绘导图，理结构

部编版教材五年级下册课文《威尼斯的小艇》中，作者先交代了小艇是威尼斯主要的交通工具，接着围绕小艇分别介绍了小艇的样子、乘坐感受、船夫驾驶技术好、人们的活动四方面内容，写出了威尼斯的动、静之美。如何让学生全面、深入地厘清文章脉络、结构关系，体会作者动静结合描写方法运用的巧妙之处？借助思维导图（图1）就可以轻松解决这个问题了。

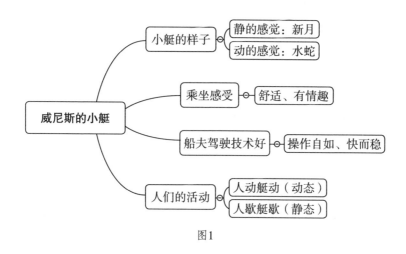

图1

教学中，我们要根据不同结构顺序的文本，引导学生设计不同形状的思维导图，如鱼骨图、树状图、曲线图、气泡图、流程图等，通过思维导图，让梳理和解决问题的途径及思路可视化。

2. 借表格，明思路

部编版教材五年级下册第一单元口语交际"走进他们的童年岁月"，主要任务是让学生采访大人，了解大人们小时候的故事，然后跟同学分享了解到的情况和自己的感受。如何让学生更有条理地完成采访，并科学地整理记录呢？我通过表格让学生先拟好问题清单，通过清单厘清采访思路（表1）：可以从不同方面提问，也可以围绕一个话题提出多个问题。有了问题清单这个学习支架，学生整理采访记录、有条理地表达就有了逻辑思维的有力支撑。

表1

采访对象	问题1	问题2	问题3
爸爸	你小时候最喜欢玩什么游戏？	你小时候做过的最勇敢的事是什么？	你小时候最喜欢看的动画片是什么？
妈妈	你小时候的课余生活是什么？	你是怎么安排自己的课余生活的？	你的课余生活对你的成长产生什么影响？

（三）鼓励质疑，发展辩证思维

陶行知先生说过："发明千千万，起点是一问。"作为学生学习的引导者，我们要想办法激活学生的质疑精神，培养学生的问题意识，让学生在不断的提问中经历思考、探究、发现，不断提升自己的思维能力。

1. 于课文题目中质疑

题目是文章的眼睛，从课题入手，让学生带着问题去学习，不仅有助于学生理解课文内容，更有利于学生思辨能力的发展。在执教统编版教材四年级上册《一只窝囊的大老虎》一课时，板书课题后，我让学生抓住课题，自主质疑：窝囊是什么意思？大老虎不是很厉害的吗？为什么说它是窝囊的呢？这只窝囊的大老虎都做了些什么呢？这只窝囊的大老虎最后怎么样了？在问题的驱动下，学生学得特别起劲，辩证思维非常活跃。

2. 于关键词句中质疑

关键词句通常指用得精妙，最能体现作者情感或文章主旨的词句。教学中，我们要引领学生敏锐地捕捉这些词句，并引导他们从各个角度加以质疑问难：你怎么理解这些词句？能否删去或用别的词句代替？这些词句用得好在哪里？它在内容表达上，文章的结构上有什么作用？例如，部编版三年级下册《火烧云》一课的关键句子："天上的云从西边一直烧到东边，红彤彤的，好像是天空着了火。"我针对这句话鼓励学生多方质疑：文中的"烧"字换成蔓延、延伸等词语好不好？作者萧红是怎么想的？"烧"字用得好在哪里？在问题的驱动下，学生的辩证思维闪耀着光芒："烧"字不光写出了火烧云的色彩美及动态美，更呼应了课题。就这样，学生在质疑、解惑、品味句子的过程中体会作者遣词用句的巧妙，以多维的思考，将学习引入深层次。

3. 于文本内容处质疑

万事万物，包含无穷的知识与奥秘，根据不同的文本内容，学生可以展开的质疑更是包罗万象。例如，在部编版四年级下册《琥珀》一课的教学中，我引导学生理解"不早也不迟，就在那一刹那，蜘蛛和苍蝇同时被滴下来的松脂包住了，才能形成这块珍贵的琥珀"这一点时，鼓励学生质疑：假如事情不是那么凑巧呢？松脂早一秒滴下来会怎么样？迟一点又会发生什么？围绕这些问题，学生变向思考，形形色色的假设纷沓而来。这样的质疑，既加深了学生对课文的理解，又发展了学生的辩证思维。

4. 于独特想法处质疑

基于学生的生活及阅读经验，学生在阅读时往往会因文本的内容、情节或某个说法产生困惑、疑问或独特见解。我们要善于捕捉这些文本的"矛盾处"或"争议处"，让学生提出质疑并表达自己独特的想法。例如，《卖火柴的小女孩》课文结尾处写道："……她曾经多么幸福，跟着她奶奶一起走向新年的幸福中去。"我们可以就此引导学生质疑：就这句话你有什么想法和问题吗？有同学谈道：小女孩在大年夜冻死在街角是多么的悲惨呀，为什么课文还说"她曾经多么幸福，跟着她奶奶一起走向新年的幸福中去"呢？这个问题的提出对于引导学生进一步感悟文章主旨很有价值。再如，在教学《曹冲称象》时，我引导学生就曹冲称象的办法进行质疑。有学生就提到有没有比曹冲更好的称象办法呢？这个问题一提出，很多学生一时蒙了，因为他们习惯了相信书本和权威，都认为曹冲的办法是最好的。我对这个问题表示高度赞许后，学生敢于质疑和挑战权威的智慧与勇气被激活了，纷纷讨论，出谋献策。其中有学生提出了把"石头"改成一个个可以自由活动的士兵，这样就省力和省事了。可见，给学生一个支点，他们将带给我们无限的惊喜。

（四）引发探究，培养创造思维

以课本为原点，组织学生进行课外实践探究活动，对学生创新思维的培养具有重要的作用。例如，学习部编版六年级上册《竹节人》时，我要求学生写竹节人的制作指南，并教别人玩这种玩具，体会传统玩具带来的乐趣。在指导学生完成各个学习任务的过程中，我们不能"纸上谈兵"，要让学生动手操作实验，并在基本的制作手法的基础上进行创新，制作不一样的竹节人。这样一个探究活动的设计，让学生在学中做，在做中学，不仅丰富了学生的表达素材，更锻炼了学生的操作能力和创新能力。

再如，学习了六年级上册的《宇宙生命之谜》后，我让学生就"地球之外是否有生命存在"开展一场辩论会。学生分为正反两方，分别就各自的观点深入搜集资料，并组织论证语言，以便有理有据地阐述自己的观点。在辩论活动中，学生的自主探究能力、分析综合能力、创新变通能力均得到了有效的培养。

总之，培养会思维的人是语文教学的神圣使命。在语文课堂中，我们要将各种方法和途径综合运用，使其互为补充，鼓励学生善于思考、敢于质疑，多方思考发表见解，创新思维提出新解，让情感助推思维内生，让思维促进情感升华，打造"情智共生"的语文课堂。

四、享受幸福之旅——审美创造

凡是美的，都会让人充满向往，沉浸其中更令人感到无限的舒畅和愉悦。感受美、发现美、表现美、创造美是一个人的关键能力，生活时时处处离不开审美，审美创造对于提升核心素养品位、涵养高雅情趣、成就幸福人生具有深远的意义。

新课标指出："审美创造是指学生通过感受、理解、欣赏、评价语言文字及作品，获得较为丰富的审美经验，具有初步的感受美、发现美和运用语言文字表现美、创造美的能力；涵养高雅情趣，具备健康的审美意识和正确的审美观念。"可见，语文课程的审美是以语言作品为对象，在语言实践活动中加以实现的。审美创造始于审美感受，然后在审美理解的不断作用下实现审美表现。

（一）借助语言作品，获得审美感受

朱光潜先生说："美感起于形象的直觉。"于语文课程而言，审美创作始于学生对语言文字的审美感觉。审美感觉是由语言内容和语言形式直接引发的感性形式，需要学生对语言有较强的感受力。在教学中，我们要想方设法唤醒、呵护学生的审美感觉。首先，教师要从审美的视角，深入解读并挖掘教材中存在的审美因子，或是古老汉字传递的文化美、形态美，或是诗词韵文蕴含的韵律美、意境美，或是字词句段诠释的形态美、思维美。只有充分理解与吸收，甚至沉醉其中，教师在教学中才能更好地引领和感染学生。部编版教材五年级上册课文《白鹭》，第五自然段写道："那雪白的蓑毛，那全身的流线型结构，那铁色的长喙，那青色的脚，增之一分则嫌长，减之一分则嫌短，素之一忽则嫌白，黛之一忽则嫌黑。"这段话使人想起宋玉《登徒子好色赋》中描写美人的句子："东家之子，增之一分则太长，减之一分则太短；著粉则太白，施朱则太赤……"郭沫若把它稍为改造，用来描写白鹭颜色和身段两方面的"适宜"，不管是雪白、铁色、青色等色彩带给我们的视觉享受，还是长、短，素、黛直观对比带给我们的感觉冲击，都让人不禁发出"《白鹭》是一首精巧的诗"的赞叹。在学生心生喜爱的基础上，教师让他们把这段话改成诗歌的形式来表现：

那雪白的蓑毛，

那全身的流线型结构，

那铁色的长喙，

那青色的脚，

增之一分则嫌长，

减之一分则嫌短，

素之一忽则嫌白，

黛之一忽则嫌黑。

其次，教师让学生美美地朗读这首"精巧的散文诗"，读出对白鹭的喜爱与赞美。至此，学生的审美感官被充分调动起来，审美感受自然是享受与陶醉的。

（二）透过语言规律，加深审美理解

对语言作品的审美感受一般只是对语言文字初始的自觉和感动，审美创造的培养自然不能停留在感官的层面，还要有深入的、理性的分析和判断。例如，以上谈到的对白鹭的颜色和身段的描写，可让学生在直观感受白鹭的美的基础上，聚焦那些美感特征鲜明的表现手法，如各种色彩的精准用词，"那……的……"排比修辞手法的巧妙使用，"……之一……则嫌……"句式的灵活改造，通过分析、比较寻找语言运用的规律，当学生有了进一步的感悟后，再让其尝试仿照作者的写法描述一下自己喜欢的一种小动物。通过对这些富有美感的语句进行语言解码，学生的审美在感性和理性上得到了有效的平衡，为后期的审美创作提供了有力的保障。

（三）通过语言创造，提升审美表现

审美感觉和审美理解是审美创造的前提，审美创造是审美活动的终极目标。语文课程的审美创造，主要体现为审美表达，也就是运用语言文字表现美、创造美。例如，部编版教材六年级上册《穷人》一文深刻地反映了沙皇政府统治下劳动人民的悲惨生活，赞美了桑娜和渔夫宁可自己吃苦也要帮助别人的美好品质。不管是文本题目的独特视角、环境描写的有力烘托，还是故事情节的扣人心弦、人物描写的细致刻画，都体现了列夫·托尔斯泰深厚的文学功底，特别是文中对桑娜心理活动的描写，深刻细腻、扣人心弦。透过文本，学生从桑娜及渔夫的善举、信念中感悟了真实、善良的人性之美。

课文最后写道："'你瞧，他们在这里啦。'桑娜拉开了帐子。"接下来，又会发生怎样的故事呢？利用文本的这个留白点，我让学生展开想象，沿用和仿照列夫·托尔斯泰对环境烘托、心理刻画、语言对话等的表现手法，续编故事。通过对叙事环境的联想再造、故事情节的重新构思，学生对人物形象进行二度塑造，在原有的审美基础上，展开丰富而合理的创造想象，再现了桑娜与渔夫金子般的心灵美。

以上，我们对语文课程核心素养的四个方面分别做了理论阐述及案例分析。其实，这四个方面是一个有机的整体，它们彼此融合，相互渗透。正如新课标所述："语言是重要的交际工具和思维工具，语言发展的过程也是思维发展的过程，二者相互促进。语言文字及作品是重要的审美对象，语言学习与运用也是培养审美能力和提升审美品位的重要途径。语言文字既是文化的载体，又是文化的重要组成部分，学习语言文字的过程也是学生文化积淀与发展的过程。在语文课程中，学生的思维能力、审美创造、文化自信都以语言运用为基础，并在学生个体语言经验发展过程中得以实现。"在核心素养四个维度的共同作用下，一个人内在的品质及完整的人格得以不断缔造。当然，核心素养导向下的语文课堂，要更注重"语文味"，以听、说、读、写、书等语文"本体性"教学为依托，拓展延伸，探寻文本意蕴；丰富内涵，提升文化自信；质疑体悟，发展思维能力；引入情境，激发审美创造。我们应紧跟时代步伐，与前沿理念相适应，赋予语文课程新的人文内涵及价值追求，让核心素养真正落地。

第 三 章

目标为营，让学习积蓄前行的力量

　　新课标从语文核心素养出发，构建了素养型的目标体系。这个目标体系由总目标和学段目标两个梯度构成，第一梯度为总目标，概括了九年义务教育阶段学习要达成的终极目标，第二梯度为学段目标，从四个学段为四个板块的语文实践活动分别列举了过程性目标。总目标紧扣语文课程核心素养而制定，如第1条对应的是"立德树人"这个引领式的根本任务，而2～9条就依次两两对应核心素养里的文化自信、语言运用、思维能力、审美创造四个核心素养了。例如，总目标的第6条表述为："积极观察、感知生活，发展联想和想象，激发创造潜能，丰富语言经验，培养语言直觉，提高语言表现力和创造力，提高形象思维能力。"第7条表述为："乐于探索，勤于思考，初步掌握比较、分析、概括、推理等思维方法，辩证地思考问题，有理有据、负责任地表达自己的观点，养成实事求是、崇尚真知的态度。"这两条对应的就是语文课程核心素养的"思维能力"所指向的感性思维和理性思维。剩下的6条亦然，总目标的第2、3条对应"文化自信"，第4、5条对应"语言运用"，第8、9条对应"审美创造"，体现了秩序清晰、相互关联的特点。

　　然而，考虑到核心素养是比较上位和抽象的，而年段目标要求是可操作和可落地的，因而，在总目标领衔下的过程性目标并不是依据核心素养的四大方面来细化年段要求，而是从语文实践活动的四个板块来对总目标进行进一步的具体化和体系化。这四个板块分别是"识字与写字""阅读与鉴赏""表达与交流""梳理与探究"。

新课标对这四个板块在四个学段分别应该达成怎样的学业质量水平也做了明确的衡量尺度的规定，体现了从低到高的系统性与层次性，第一个学段属于奠基层次，第二学段属于承接层次，第三学段则处于相对熟练层次了。每个板块在各个要素的要求上，同样具有非常清晰的梯度性。例如，"阅读与鉴赏"板块中的"默读能力"这一要素，第一学段要求只是"学习默读"，难度最低，属于默读的奠基阶段；第二学段要求"初步学会默读"，难度有所提升，是对第一学段学习的巩固与发展；第三学段的要求则是"默读一般读物每分钟不少于300字"，属于默读的较高层次的要求了。

在明确了语文课程总目标、每个学段的过程目标及它们在课程实施、课程评价方面的衡量尺度后，语文教学"为何而来""走向何处"就更加明确和清晰了。

如何引领学生打好扎实的"语文功底"，为后续的学习储蓄充足的力量呢？下面将从"识字与写字""阅读与鉴赏""表达与交流""梳理与探究"四大方面，探讨如何将语文实践活动的目标落到实处，帮助学生练就语文最重要的"看家本领"。

一、始于足下——识字与写字教学

著名教育家苏霍姆林斯基说过："三十年的经验使我深信，学生的智力发展取决于良好的阅读能力。"良好的阅读得益于较好的识字能力。识字、写字是阅读和写作的基础，是贯穿整个义务教育阶段的重要教学内容。那么，新课标对"识字与写字"提出了哪些要求？现行部编版教材在低年段"识字与写字"板块的编排上有什么特点？对标新课标，我们如何用好教材提高低年段识字、写字教学的实效呢？下面我们来做进一步的探讨。

（一）新课标对"识字与写字"的目标要求

关于识字、写字在小学阶段的学段目标，我们从四个方面来对新课标的要求做个梳理。

1. 识字量

第一学段要求认识常用汉字1600个左右，其中800个左右会写；第二学段要求累计认识常用汉字2500个左右，其中1600个左右会写；第三学段要求累计认识常用汉字3000个左右，其中2500个左右会写。

2. 识字意愿

第一学段要求喜欢学习汉字，有主动识字、写字的愿望；第二学段要求对学习汉字有浓厚的兴趣，养成主动识字的习惯；第三学段要求感受汉字的构字组词特点，体会汉字蕴含的智慧。

3. 识字能力

第一学段要求学习独立识字，能借助汉语拼音认读汉字，学会用音序检字法和部首检字法查字典；第二学段要求有初步的独立识字能力，能用音序检字法和部首检字法查字典、词典；第三学段要求有较强的独立识字能力。

4. 写字能力

第一学段要求掌握汉字的基本笔画和常用的偏旁部首，能按基本的笔顺规则用硬笔写字，注意间架结构，初步感受汉字的形体美，努力养成良好的写字习惯，写字姿势正确，书写规范、端正、整洁。第二学段要求能用硬笔熟练地书写正楷字，做到规范、端正、整洁；用毛笔临摹正楷字帖，感受汉字的书写特点和形体美。第三学段要求写字姿势正确，有良好的书写习惯；以硬笔书写楷书，行款整齐，力求美观，有一定的速度；能用毛笔书写楷书，在书写中体会汉字的优美。

纵观小学三个学段的识字、写字目标，我们可以发现新课标在整个小学阶段都强调激发学生识字的意愿，注重自主识字能力的培养，强调书写姿态、书写习惯的规范性，要求汉字书写规范、美观。其中，低年段的识字量多，识字能力、书写习惯等的培养任务重，是识字、写字教学的黄金时期，对于中、高年段的识字、写字教学具有举足轻重的影响。

（二）统编版教材低年段"识字与写字"板块的编排特点

1. 突出识字与写字的地位

低年段四册教科书始终将集中识字设为独立单元，前两册每册编排两个单元，后两册每册编排一个单元，四册教科书共编排了六个集中识字单元，集中识字课文数量高达26篇，可见力度之大，重视程度之高。除了集中识字板块，还设置了课文识字（随文识字）、园地识字（趣味识字、识字加油站）板块，三大板块均遵循"识写分开，多认少写"原则：对要求认识的字，能整体识记，大致了解字义即可；对要求会写的字，会读、会解、会写、会用。教材还非常注重写字的指导，每课课后都将要求会写的字在田字格中出示，田字格除了在第一个格提供生字的范写外，其他三格还为学生提供了描红、临摹功能，"语文园地"还设置了"书写提示"栏目，旨在激发学生对汉字文化的热爱、对汉字书写的审美。此外，一年级上册出示新笔画和每个字的笔顺，一年级上册、一年级下册在生字条上方出示新偏旁。教材处处彰显低年段"以识字为重点"的教学主张。

2. 蕴含丰富的文化内涵

汉字文化源远流长，是古代劳动人民生活、思维、审美的综合体现，部编版教材特别注意对这方面的把握，将渗透字理、传承文化、发展思维、提高审美等的编者意图融入识字与写字各大板块，让学生或是在图文对照的观察和想象中感受汉字的构字特点，探究古人造字的智慧和文化；或是在《三字经》《千字文》《声律启蒙》等传统蒙学中，在《神州谣》《对韵歌》《传统节日》等中华歌谣中，在《羿射九日》《大禹治水》等经典故事中进行集中识字或随文识字，在轻松愉悦的识字过程中接触、了解中华优秀传统文化，进而认同中华文化，热爱中华文化。

3. 凸显识字方法的灵活多样

部编版教材各个识字板块都充分体现了识字方法的多样性、灵活性。例如，字理识字，体会汉字的构字特点及演变规律；韵文识字，体现汉字独特的音韵美；归类识字，将识字、学词和认识事物相结合；想象识字，培养观察、思考及自主识字能力；生活识字，激发自主性，拓宽识字渠道……博采众长，把"简单机械的笔画部件的组合"变为学生喜闻乐见的识字方式，有效地提高了识字效率。学生还可以将学到的识字方法在其他识字内容中加以运用，既掌握了汉字，又习得了方法。

4. 注重自主识字与生活实践相结合

教材非常注重引导学生从生活中识字，如认识人体各部位用字，认识动植物用字，认识食品、物品用字，认识门票、车票用字，认识玩具用字，认识场馆用字，等等。每一个"识字加油站"都为学生识字敞开一扇窗，打开一扇门。教材还在每课的课后设计了各种形式的字词练习，在"语文园地"设"字词句运用"栏目，让学生将字词学习与生活实践、语言运用充分结合起来，进一步巩固识字用词的效果，不断丰富学生的语言积累。

（三）如何结合教材优化低年段的识字教学

1. 低年段识字教学的基本原则

统编版教材在识字板块的编排上体现了系统性、序列性、灵活性、拓展性等独特优势，教师要善用教材、活用教材，让教材更好地服务于识字教学。根据以上对统编版教材低年段"识字与写字"板块的编排特点的分析，在总体把握的基础上，我们要对各个板块的教学内容做具体的教学策略的谋划。不管采用哪一种教学策略，我们都应遵循以下四个基本原则。

（1）遵循汉字的构造规律

汉字是表意文字，在教学中要以字义为核心，带动字音、字义的识记。

（2）遵循儿童的认知特点

低年段学生的思维以感性经验和形象思维为主，而记忆则主要是无意记忆和机械记忆。因此，在教学中，我们要花更多的精力和心思在教学活动的设计上。

（3）遵循教材的编者意图

深入研读教材、领悟编者意图是用好教材的关键，因为教材已经为我们在方法和策略上做了极好的引导，我们在此基础上根据学生的实际情况加以细化和优化，就能收到良好的教学效果。

（4）遵循趣味性原则

中国汉字数量多，字形复杂、变化多端，而低年级学生年龄小，注意力集中时间短，接受能力差，要引导他们进行有序、有效的学习绝非易事，只有激发他们的学习兴趣，充分调动他们的主动性，教给他们自主识字的方法，才能达到理想的识字效果。

2. 低年段识字教学的"智趣"七法

低年段的识字课堂一定要充满情趣，否则，学生不买账，教师的一切努力都将是徒劳。做个有智慧的教师，引领学生有趣味地识字，是低年段识字教学最完美的打开方式。低年段识字教学要在"智"和"趣"方面下功夫，下面跟大家分享一下识字教学的"智趣"七法。

（1）运用图片，形象识字

例如，在部编版教材一年级下册《小猴子下山》教学中，教师出示图片（图1、图2），让学生在观察小猴子的动作的同时区别认字，既能加深对汉字字义的理解，又能更好地识记字形。这样省掉了教师烦琐的讲解，学生的识字效果却能事半功倍。

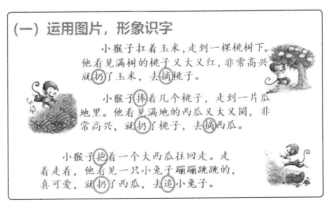

图1

图2

（2）利用规律，归类识字

分类识字，方法简单高效，如利用形声字的构字特点进行归类识字。一方面，可以利用形声字的"声旁"归类识字。例如，在部编版一年级下册《小青蛙》教学中，教师通过朗朗上口的儿歌，引出与声旁"青"有关的形声字"清""晴""睛""请""情"，引导学生理解不同偏旁所代表的不同含义，在分析比较中辨认这一串生字。另一方面，可以利用形声字的形旁进行归类识字。例如，"川"表示众多小溪汇成的水流。教师由"川"带出相关的一串汉字：水流的源头叫"泉"，山泉汇成的小沟叫"涧"，山涧在地面汇成的清流叫"溪"，众多川流汇成的大川叫"河"，最大的河叫"江"。教师在此基础上引导学生进一步认识部首大都是取形声字的"形旁"，表示每个字的意义范畴。例如，反犬旁的猫、狗、猪、狼（与动物及打猎等意义有关）；衣字旁的被、衫、裤、袍（多与衣服、衣被等意义有关）；女字旁的姐、妹、妈、姨（多与女性、婚姻、美好、姓氏等有关）；竹字头的笔、筒、签、篮（多与竹子、竹制品、乐器、机载文字之物有关）……利用形声字的构字规律归类识字，既能让学生在类比中分辨汉字的异同，又能帮助学生触类旁通，拓宽知识面。

（3）联想想象，结合识字

每个汉字都有自身的含义，都存在内在的构字特点。如果能在深入探究字理的基础上，根据字与字之间的关系进行联想、想象，打通字与字之间的连接通道，进行"结合识字"，那么学生的识字量、识字的深刻度都将大大提升。例如，在部编版小学一年级上册《天地人》一课教学中，教师通过多媒体演示人站立成"人"字，让学生分辨男人、女人、老人、小孩子等不同的人类群体。在学生正确认识"人"字后，教师通过板书在"人"字的基础上加上一横组成"大"字，并通过动作告诉学生站立着的"人"，把双手张开成"一"字，这时候整个人就变得最"大"了。在学生纷纷点头的时候，教师再在"大"字的头顶上加上一横，让学生想象、识记"天"字的字理。在教师的启发下，学生道出了："比最大的人还要大的，就是头顶上无边无际的'天'了"。通过这样的联想、想象，在形义兼顾中，学生快速地理解并掌握了"人""大""天"三个字。

（4）寓教于乐，游戏识字

教育学家卡罗琳说："孩子们的工作就是游戏。在游戏中激发他们的思维是他们最愿意接受的。"低年段的学生平均每天要认识几个甚至十几个字，教师应适时地有选择地引入各种游戏，创设轻松愉快的学习氛围，使识字教学步入"教师乐教、学生乐学"的理想境地。下面笔者为大家列举几种趣味性、操作性强且具有实效性的识字游戏：

第一，打牌游戏。学生自制牌形生字卡片，在课堂中与同桌互玩打牌游戏，边出牌边读出字音，再组词读（组词越多越好），谁先把手中的汉字牌打完，谁获胜。

第二，开心碰碰车。学生用部件组新字巩固识字。教师先让学生自主选择带有汉字部件的"碰碰车"头饰，然后明确比赛规则：比一比，谁的小汽车今天碰撞出的生字最多，谁就是今天的最佳赛车手！

生1：我是草字头，谁来跟我对对碰？

生2：我是"平"字，我来跟你对对碰！

生1生2：我们是"苹果"的"苹"！

以此类推，如把"禾"和"火"碰成"秋"，把"日"和"生"碰成"星"，把"女"和"也"碰成"她"，等等。

第三，摘果子。教师出示一幅画着大树的画，树上挂着写有生字的各式水果，教师让学生将果子上的字读准字音、组词，常用的字还要求说一句话，方可摘下，谁摘得多谁就是识字小能手。这种游戏适用于对所学生字的复习巩固，既方便又高效。

第四，送信。请本节课学得最认真的学生当邮递员，把生字卡片当成信一一送到同学的手中。其他学生一起拍手唱儿歌："丁零零，丁零零，邮递员来送信。不怕风，不怕雨，一心一意为人民。"送完信后，请拿到信的小朋友一个个上台来领读，并分析字形。

第五，编故事。小学生都喜欢听故事，在识字教学中，若能把一个个抽象的汉字演绎成一个个生动有趣的小故事，让他们在听故事、讲故事的过程中，轻松、愉快地记住生字，更能激发他们的识字兴趣。例如，把"影"字拆成"日"（太阳）、"京"（京京）、"彡"（影子），编成这样一个故事：有一个小朋友京京，他站在太阳下，地上留下了影子。

（5）实践体验，生活识字

苏霍姆林斯基说："只有当识字对儿童来说变成一种鲜明的激动人心的生活情景，里面充满了活生生的形象、声音、旋律的时候，读写结合过程才能变得比较轻松。"我们要充分利用生活这个大课堂，扩大学生的识字量。例如，开学初让一年级的学生自制名片，既方便学生彼此之间快速熟悉，又让学生可以通过各自的名片认识藏在姓名中的各种词语；开展语文综合实践活动——"自选商场"，创设情境，让学生在实践体验中认字，通过汉字与实物的对照识记，快速掌握面包、牛奶、香肠、火腿肠、毛巾、牙刷、尺子、作业本等词语，激发学生的识字兴趣；带学生去看学校文化展板、宣传栏；让学生看电视、路牌、店铺名；亲子共同制作"识字树"；等等。

（6）推荐读物，拓展识字

向低年段的学生推荐各种有趣又有益的拼音读本、识字读本，如

《小猪唏哩呼噜》《三字童谣》《趣读识写一条龙》等，让学生在阅读中识字。同时，每天早读课，我们可以抽出一定的时间和学生一起晨诵读本，并定期让学生展示自己认识的字，及时给予表扬和鼓励。在长期的阅读过程中，学生的识字量会不断地增加。

（7）授之以渔，自主识字

"授人以鱼，不如授人以渔"，在低年级的识字教学中，我们要把引导学生自主识字作为识字教学的重中之重。教学中，我们可以这样做。在学生掌握了基本字、基本笔画、笔顺和常用的偏旁部首之后，学习生字时，首先解决生字的读音问题，接着问学生："今天我们要学习这几个生字，看谁最聪明，可以自己动脑筋想出最佳的识字方法。"学生迅速在大脑中寻找答案，提出了许多不同的记忆方法："以旧带新""形近字对比""同音字""基本字加偏旁""熟字去偏旁""拆部件""增减笔画"……例如，学习"玉"字时，学生们有的说"国"字去掉方框就是玉；有的说"王"字加上一点就是玉；有的说"主"字的点掉在腰间就变成玉。再如，学习"园"字时，学生们有的说在"元"字外面加上围墙"囗"就是"园"，从而明白"校园、公园"一般是有围墙的。又如，学习"狼""恨"时，学生把它们与"跟""很""根"等对比联系偏旁部首来记忆；学习"爱"字时，学生把它拆成"爫""冖""友"，再配上儿歌，这样学生很快就记住了生字。

（8）创设情境，运用识字

识字的最终目的是运用，在教学中，我们要想方设法创设情境，让学生在实践中巩固和运用学到的汉字。例如，在学习完《小青蛙》后，教师设计如下的情境题，让学生运用学到的"请""清""青""情""晴""睛"几个生字完成填空，活学活用。

今天天气（　　）朗，我们来到小河边。河里的水真（　　）啊！我们站在岸边。突然，从草丛里跳出一只小（　　）蛙，大大的眼（　　）。我们正想捉住它。老师过来说："（　　）不要捉青蛙，青蛙是益虫，它能为我们做好多事（　　　）。"

此外，还有猜字谜、编顺口溜……以及许许多多教师各显神通设计出来的趣味识字游戏，让学生"在乐中学，在玩中学"，在不知不觉中落实识字任务。

（四）如何提升低年段写字教学的实效性

汉字是中华文明的重要标志，也是传承中华文明的重要载体，写好中国字，做好中国人，是全体中华儿女的共同责任。写字可以磨练意志，陶冶情操，甚至改变人的精神气质。长期的教学实践工作告诉我们，字写得工整、美观的学生，在学习、做事上也是比较细心、专注的。大到国家的文明发展，小到个人的修身养性，写字对其都具有重要的意义。因此，作为语文教师抓好学生的写字是一项伟大而有意义的工程。写字要从小抓起，从细处着手，才能保障基础工程的扎实有效。笔者认为，低年段写字教学要抓出实效，必须做到"六让"。

1. 让速度慢一些

一年级学生刚接触书写，教学时我们的节奏要慢一些，心思要细一点，每次都要把执笔姿势、坐姿纠正好，才让他们动笔写，做到姿势不规范不动笔。其中，坐姿要做到"三个一"（手指离笔尖一寸，胸口离桌边一拳，眼睛离本子一尺），还可以通过"十二字歌谣"帮助学生记住坐姿要领，即"两点靠、八字形、头抬高、脚放平"；同时，可以通过儿歌（笔拿高，一关节。两点靠，两点捏。掌心空，立掌写）不断提醒学生保持正确的执笔姿势。在课堂上指导书写时，教师不要忘记到学生中间进行个别指导，或鼓励表扬，或及时发现问题，及时引导纠正。教师还要通过让同桌相互监督、寻求家长配合等方式，多管齐下，有效地规范学生的写字姿势、执笔方法。此间，教师借助类似"学生写字姿势评价登记表"（表1）的评价量表，让学生就执笔姿势、坐姿进行互相评价，能起到很好的监督、鼓励作用。

表1

时间	5分钟						10分钟						15分钟					
内容 学生	掌心空	一关节	臂八字	身正	腰直	脚放平	掌心空	一关节	臂八字	身正	腰直	脚放平	掌心空	一关节	臂八字	身正	腰直	脚放平
1																		
2																		
3																		
4																		
5																		
6																		
7																		
8																		
9																		
10																		
11																		
12																		

填写提示：请在相应时间段内观察学生表现，对不符合规范的在对应格子中打
"×"。

此外，我们要教育孩子爱惜写字用具，养成一笔一画认真书写的良
好习惯。

2. 让指导细一些

低年级处于打基础阶段，规范、美观的书写，会让孩子观察更细
致、做事更踏实、学习更自信，为孩子的学习生涯打下良好的基础。因
此，我们一定要循序渐进、严谨认真地落实写字指导的四大步：观察、
交流、练习、展评。

第一步：观察。汉字要写美观，离不开观察。观察主要指对田字格
内生字的观察。观察的前提是认识田字格，我们可以借助图表标识和儿

歌（田字格，四方方，写好汉字它来帮。左上格、左下格，右上格、右下格。横中线、竖中线，各个方位记心间）帮助学生认识田字格的特点和作用，并在后续使用的过程中，不断地提醒和引导学生用好它。在学生认识田字格后，我们就可以引导学生观察田字格里的汉字了，即观察生字在田字格中位置、生字的间架结构、关键笔画的书写、笔画在田字格中的起笔与落笔，并让学生明确观察要义："一看结构、二看宽窄、三看高低、四看笔画。"学生看到口令，有了观察的顺序和方法，聚焦点明确，观察效果提升，动笔书写时就胸有成竹了。

第二步：交流。学生在认真观察的基础上，把观察结果跟大家分享，重点交流这个字在书写时需要注意哪些地方，这个笔画要穿插到哪里，这个字的关键笔画是什么，这个字哪个笔画最长、哪个笔画最短。例如，在写"日"字前，教师让学生认真观察它的字形和每一笔在田字格中的书写位置后，让学生充分交流，当学生能说出"第一笔要从左上格起笔""第三笔的'横'要落在横中线上"等的观察结果时，再让他们去练习书写。教师还可以通过一些口诀帮助学生掌握笔画的位置和轻重，如独体结构的字——"独体书写使人恼，关键就是重心保"；左右结构的字——"左右等宽向中靠，左右不等窄让宽，主动避让有礼貌，巧妙穿插多友好"；上下结构的字——"比大小，上下靠近，重心对齐"。

第三步：练习。学生充分交流后，在理论的指导下，就可以通过练习去检验了。练习的方式主要有如下几种。

（1）书空。让学生伸出食指，在空中比画运笔，感受汉字之美。

（2）范写。跟随课后的范写理解结构，观察汉字之美。

（3）临摹。按照范本的手法掌握字形，体验汉字之美。

（4）书写。在自主书写与创作中再现汉字之美。

第四步：展评。学生把完成的写字作品展示给大家看，并接受大家的评价。评价可以通过自评、互评、家长评、教师评等多种方式进行，还可以通过把写好的字和书上比一比，和老师比一比，和同学比一比来进行。在评价的过程中，教师一定要明确评价路径和评价标准。例如，评价书写正确与否；看字的笔画、笔顺；评价书写的美观度；看字的结构是否合理、字的关键笔画是否找准、卷面是否整洁；评价学生是否养成了良好的书写习惯；评价握笔姿势、写字姿势、用眼习惯是否正确；等等。在明确评价标准后，教师就可以通过星级形式给书写作品赋予不同等级的评价了。

3. 让过程看得见

学会读帖，是学习写字的第一关。读帖即看字帖上的字，揣摩其写法。低年段的学生刚接触写字，需要教师一笔一画地引导他们如何起笔、如何运笔、如何顿笔、如何收笔等，因而教师要花力气从基本笔画抓起，细致地给学生演示写字的过程，让学生看见那漂亮的字是怎么写出来的。例如，在教学基本笔画"捺"时，教师先在黑板上范写"捺"，然后让学生看图观察这一捺跟图上站立的小朋友的身体哪一部位很相似，当学生兴致盎然地说出像人的腿和脚时，进而告诉学生：人之所以站得直，是因为脚站稳了，所以在写"捺"的时候，一定要把"捺脚"站稳。接下来范写"捺"，教师边范写边告诉学生起笔、行笔、收笔的手法，特别提醒学生在"脚后跟"的地方要用力顿一下，接着向上轻轻提起，就把"捺脚"写好了。如此，"捺"的形象也就印入学生心里了。低年段学生犹如一张白纸，可塑性强，我们要把握好关键的起步期，找到适合他们的读帖方式。

4. 让思考可视化

要把字写好，一定要会思考，思考汉字整体的结构特点、部件占位的变化情况、笔画之间的穿插礼让等。如何让学生在写字时养成良好的思考习惯和思考方式？我们可以借助辅助手段引导学生去思考，如标一标、比一比、画一画等，再结合讲解，让学生看见书写该有的思考过程。例如，在写"尽"字时，教师把"撇"和"捺"标识出来（图3），提醒学生这两笔在书写时要写得大气、舒展；在写"吐"和"吓"字时，可以通过"比一比"的方式（图4），引导学生思考同一个部件在不同汉字中的占位差异。

图3

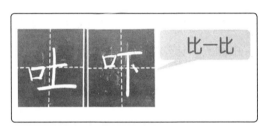

图4

5. 让进步看得见

低年段学生上进心、荣誉感极强，总是渴望自己的付出能得到大家的赞许。我们可以开展"写字争章"活动，活动包括个人竞赛、小组竞赛，如在每节写字课上进行写字比赛（包括写字姿势），获胜的个人或小组均可获得相应的奖章，每个月进行一次个人和集体的奖励，再把班级优秀的书法作品在"学习园地"展板定期展出。另外，我们鼓励学生积极参加校内外组织的各项书法竞赛，让学生看到自己的进步，增强自信心。对那些书写较差的学生，哪怕有一个字写好了，我们都要毫不吝啬地表扬，并在那个字下画上个"★"。不管哪一类学生，如果书写有进步了，我都会奖励他们一枚奖章，并在全班大力表扬，还会在家长群上传学生的写字作品，供大家点赞。这样，学生在每次写字时都保持一种积极的心态，写字质量也会不断提高。

6. 让想象来助力

没有一定量的练习，写字是达不到比较好的效果的。但低年段的孩子手部发育还不完全，不适宜长时间的练习。已经有心理学实验证明：想象练习可以提高投篮命中率。因此，我们在写字方面也可以采用这种练习方式。我们先给学生设计一个含有大大"田字格"的魔幻小彩板，用硬质卡纸彩印后发给每个学生，让他们放在书包里，在写字课上或平时的自主练习时拿出来进行想象练习。

写一手好字不仅是日常生活、学习的需要，更是传承中国优秀传统文化、增强文化自信的重要途径。在低年段的识字教学中，我们要遵循学生的年龄特点，坚持以学生为本，选择合适的途径和方法，引导学生写好中国字，做好中国人，让学生的"第二张脸"笑得更加灿烂。

二、且读且悟——阅读与鉴赏教学

"阅读与鉴赏"教学是一个语文教师课堂教学艺术和专业素养的重要体现，更是语文教学的重头戏。据统计，语文教师花在阅读教学上的时间占到了语文课时的60%～70%，但是教学效果往往不容乐观。上海师范大学吴忠豪教授做过一份调查，发现学生自学课文达到的理解程度和教师讲授课文达到的理解程度相差无几。这说明教师讲解式的面面俱到地"教课文"是无效的，对阅读教学还要不断地深入反思与改革。

（一）明确目标，"阅读与鉴赏"教学的重要保障

我们要准确把握"阅读与鉴赏"教学的学段要求，只有阶段性目标与要求弄清楚了，才能避免一味烦琐地分析课文的现象。我们先看新课标第一学段"阅读与鉴赏"的要求（图5），新课标跟2011年版课标比较，变化不大，阅读内容、方式以及对阅读要求达到的目标均未做改动，只是把2011年版的7条要求整合为5条，新增了"尝试阅读整本书，用自己喜欢的方式向他人介绍读过的书"。

义务教育 语文 课程标准 （2022年版）

感情地朗读课文。学习默读。

2. 结合上下文和生活实际了解课文中词句的意思，在阅读中积累词语。认识课文中出现的常用标点符号，在阅读中体会句号、问号、感叹号所表达的不同语气。借助读物中的图画阅读。

3. 阅读浅近的童话、寓言、故事，向往美好的情境，关心自然和生命，对感兴趣的人物和事件有自己的感受和想法，并乐于与他人交流。诵读儿歌、儿童诗和浅近的古诗，展开想象，获得初步的情感体验，感受语言的优美。

4. 尝试阅读整本书，用自己喜欢的方式向他人介绍读过的书。养成爱护图书的习惯。（新增）

5. 积累自己喜欢的成语和格言警句。背诵优秀诗文50篇（段）。课外阅读总量不少于5万字。

图5

再看第二学段的要求（图6），新课标将2011年版的9条要求进行调序、合并，整合为6条，变动也不是很大，新增"学习圈点、批注等阅读方法""乐于与他人讨论交流"和"阅读整本书，初步理解主要内容，主动和同学分享自己的阅读感受"，明确了阅读方法的指导，并提倡表达交流、合作学习。背诵篇段数量和课外阅读总量没有变化。

3. 能初步把握文章的主要内容，体会文章表达的思想感情。学习圈点、批注等阅读方法。能对课文中不理解的地方提出疑问，乐于与他人讨论交流。（新增）

4. 能复述叙事性作品的大意，初步感受作品中生动的形象和优美的语言，关心作品中人物的命运和喜怒哀乐，与他人交流自己的阅读感受。诵读优秀诗文，注意在诵读过程中体验情感，展开想象，领悟诗文大意。

5. 阅读整本书，初步理解主要内容，主动和同学分享自己的阅读感受。（新增）

6. 积累课文中的优美词语、精彩句段，以及在课外阅读和生活中获得的语言材料。背诵优秀诗文50篇（段）。养成读书看报的习惯，收藏图书资料，乐于与同学交流。课外阅读总量不少于40万字。

图6

第三学段中（图7），新课标将2011年版的要求从8条变为7条，把2011年版课标第一条的第一个字"能"改成了三个字"熟练地"，足以说明新课标对朗读教学的重视程度再次提高了。新课标第五条最后新增一句"尝试使用多种媒介阅读"，强调要充分利用多种媒介为阅读服务。第六条，强调了整本书阅读要从中年段的"初步理解主要内容"提升到"把握文本的主要内容"再加上"积极向同学推荐并说明理由"。第七条则是把2011年版课标"阅读"要求的第七、八两条合并，并把"诵读"改成了"背诵"。

【阅读与鉴赏】

（新增）

1.**熟练地**用普通话正确、流利、有感情地朗读课文。默读有一定的速度，默读一般读物每分钟不少于300字。学习浏览，扩大知识面，根据需要搜集信息。

2. 能联系上下文和自己的积累，推想课文中有关词句的意思，辨别词语的感情色彩，体会其表达效果。在理解课文的过程中体会顿号与逗号、分号与句号的不同用法。

3. 在阅读中了解文章的表达顺序，体会作者的思想感情，初步领悟文章的基本表达方法。在交流和讨论中，敢于提出看法，作出自己的判断。

4. 阅读叙事性作品，了解事件梗概，能简单描述印象最深的场景、人物、细节，说出自己的喜爱、憎恶、崇敬、向往、同情等感受；阅读诗歌，大体把握诗意，想象诗歌描述的情境，体会作品的情感。受到优秀作品的感染和激励，向往和追求美好的理想。

5. 阅读说明性文章，能抓住要点，了解文章的基本说明方法。阅读简单的非连续性文本，能从图文等组合材料中找出有价值的信息。**尝试使用多种媒介阅读。** （新增）

6. 阅读整本书，把握文本的主要内容，积极向同学推荐并说明理由。

7.**背诵**优秀诗文60篇（段），注意通过语调、韵律、节奏等体味作品的内容和情感。扩展阅读面，课外阅读总量不少于100万字。

图7

"阅读与鉴赏"三个学段的要求都新增了关于整本书阅读的目标。新课标关于"读"的形式（朗读、默读、略读、浏览）、阅读理解、整本书共读与阅读积累等都提出了不同的要求，体现了学段目标的进阶性。例如，"整本书阅读"这一部分，从低年段的"尝试阅读整本书，用喜欢的方式向他人介绍读过的书"到中年段的"阅读整本书，初步理解主要内容，主动和同学分享自己的阅读感受"，再到高年段的"阅读整本书，把握文本的主要内容，积极向同学推荐并说明理由"，体现了阅读要求与把握内容要求的螺旋式上升的特点。

根据各个年段"阅读与鉴赏"的目标要求，在教学中我们要做到心中有数，明确各个年段教学的侧重点。例如，低年段阅读理解的教学范围重点在字、词、句上，培养学生从文本中提取简单信息的能力；中年段扩大到词、句、段的教学上，培养学生对词句的理解能力、对文本做出解释的能力和预测推断的能力；高年段再扩大到句、段、篇的教学上，培养学生整体把握文本主要内容的能力和对文本的内容、语言、人物、写法做出评价的能力。只有把各年段培养的目标弄清楚，我们在教学中才能避免盲目的琐碎的分析，保障阅读教学更有针对性与实效性。

（二）固本培元，"阅读与鉴赏"教学的使命担当

"阅读与鉴赏"教学占据了语文教学的大部分时间，而付出与收获却不成正比，这让很多教师大呼教了个"寂寞"。究其原因主要是教师对语文课程的性质、任务不清楚。面对教材上的教学文本，很多教师都是关注文本写了什么内容，以文本内容为目标组织教学，认为让学生知道文本写了什么内容，教学任务也就完成了。例如，在教学《威尼斯的小艇》时，有些教师认为只要厘清课文围绕"小艇"主要写了小艇的样子，乘坐小艇的感受，船夫的架势技术高超，小艇与人们生活的关系这几部分内容就行了；在教学《将相和》时，有些教师认为只要引导学生读读文章，概括文章写了将相之间从"和"到"不和"再到"和"的这么一个故事，并进一步理解这个故事里面又包含"完璧归赵""渑池之会""负荆请罪"三个小故事就可以了。教师把教学文本内容作为教学重点，没有进一步引导学生体会文本的情感、挖掘文本的语言特色、训练学生语言运用能力等，这样的课堂教学，就是典型的"教课文"，而不是"用课文教"。

新课标明确指出："语文课程是一门学习国家通用语言文字运用的综合性、实践性课程。"那么，"阅读与鉴赏"教学的重要使命就是在"阅读与鉴赏"中培养学生理解、运用语言文字的能力，围绕这个根本任务让学生去感悟、实践、迁移，固本培元，强化本体教学，如引导学生在"阅读与鉴赏"中通过各种方法理解词语、复述故事、获取信息、概括文章主要内容，懂得预测、提问题，学习判断与评价，不断提高阅读速度，等等；而情感、态度、价值观等非本体内容则渗透在语文知识、方法和技能之中，从而全面提升学生的综合素养。

如何实现语文教学的本体性？关键要在语文课堂教学中聚焦一个核心，即以语言运用为核心；强化两项实践，即阅读和表达实践；落实五字目标，即听、说、读、写、书。一个核心、两项实践和五字目标的"125语文教学主张"是提升学生语文核心素养的重要保障。基于"125语文教学主张"，我们语文课的教学内容必须慎重选择，要跟传统的"分析课文内容式"的教学说再见，变传统的"教课文"为"学语文"，构建"用课文学语文"的教学模式。因此，我们在教学中要善于捕捉和挖掘课文中蕴藏的语用价值，做到目标明确、主次分明地落实课堂教学。例如，《新型玻璃》我们不能上成研究科学问题的科学课，《钓鱼》不能上成研究道德问题的思政课，而要引领学生在深入的读书交流中感悟课文作者遣词用句的精准、谋篇布局的巧妙，让学生在举一反三、学以致用中，实现语言积累到语言运用的有机融合，在日积月累、潜移默化中提高自己的语言能力。

以部编版教材四年级下册课文《小英雄雨来》为例，我们在教学中如何体现教学内容的本体性呢？首先，我们要解决教什么的问题，也就是我们要清晰课堂要落实什么样的语文素养，因为"教什么远比怎么教更重要"。根据课文篇幅长、内容离学生生活比较久远的特点，结合单元语文要素及编者意图，我们确定教学任务如下：

（1）落实"长文短教，难文浅教"的策略与方法。

（2）引导学生通过"提炼法"归纳课文各部分小标题，并学以致用。

教什么的任务确定以后，如何在教学实践中体现语文本体性教学呢？我们要跟传统"分析课文内容式"的教学说再见，引导学生"用课文，学语文"，扎扎实实地提升语言实践能力。

在落实第一个教学任务时，我们先让学生观察课文行文的特点，学生很快就发现文章是用一至六的序号将各部分内容分开的，接着让学生尝试快速默读课文，边读边思考各部分主要写了什么，并联系前后文将课文各部分联系起来，理解课文大意。在深入探究、充分交流的基础上，师生共同归纳总结学习长文的方法：①按部分读；②快速浏览；③边读边想；④前后兼顾。

而第二个教学任务的落实，跟第一个教学任务是平衡发展、相辅相成、相互渗透的。如何引导学生通过"提炼法"归纳课文各部分小标题呢？我们要给学生搭支架，通过列表（表2）清晰地让思维可视化，让学生轻松掌握归纳小标题的"提炼法"。

表2

序号	先"摘录"	再概括	后提炼
一	"仰浮的本领最高"	这部分写雨来的游泳本领高，是个机灵、调皮的孩子	游泳本领高
二	"上夜校"	这部分写雨来上夜校读书，爱护自己的课本，学习也非常认真	上夜校读书
……			

这样，由扶到放，有梯度地教会学生领悟"提炼法"，并让学生实现学法迁移，学以致用，自主概括剩下四部分的小标题。在学生尝到

"提炼法"的甜头后，我们乘胜追击，进一步引导他们领会用"主要人物+主要事件（小标题）"的形式，辅以简洁的连接语，就能轻松地概括课文的主要内容了。如此，把长文读短，提取信息，提炼语言，再由短变长，发展语言。如此，学生的思维能力、概括能力、语言表达能力都得到了有效的训练，充分体现了语文教学的本体性。

总之，基于学生核心素养的"阅读与鉴赏"教学内容的选择，我们要努力构建促进学生语言构建与运用的能力体系，这种能力体系包括语文知识，语文能力，学习语文的方法、策略，语文学习习惯，等等，也就是统编版教材中反复强调落实的语文要素。如何更好地落实语文要素？我们必须清晰地认识到学习语文的基础任务是语言积累，重点难点是表达实践，而核心内容则是整本书的阅读。此外，基于实践的语文学习的方法和策略在"阅读与鉴赏"中的无痕融合，是语文教学持之以恒的主要任务。

（三）文体意识，"阅读与鉴赏"教学的必备品质

文体，即文章的体裁或风格，反映文章的结构形式、构成要素、语言风格、表达方式的特点。文体意识则是在丰富的文体阅读和表达实践中形成的对不同文体模式的自觉理解、熟练把握和独特感受，简单地说，就是对不同文体有自觉的理解、感受能力，能根据不同的文体自觉选择适合的阅读方法和姿态，能根据表达的需要自觉选择合适的话语体式和结构方式来成文。显然，文体属于知识范畴的概念，而文体意识是素养范畴的概念，是一种经验，一种积淀，一种能力素养。

学生对不同文体的理解、把握有赖于文体意识的不断增强和沉淀。教师要在语文课堂上，特别是在"阅读与鉴赏"教学中，培养学生的文体意识，引导学生走上学习语言文字运用的正途。因而，我们要有敏锐的文体意识，根据不同的文体和文本定位教学目标、确定教学内容、选择教学策略。一句话，文体不同，读的取向、读的方法就不同。例如，在阅读说明文《松鼠》时，要用说明文的方法来读，不能用读童话的方

法来读；读托尔斯泰的《跳水》时，要用心去体味小说是如何通过紧张的故事情节及细腻的人物刻画来实现作品的重要价值的，而不是想方设法去论证事物之间的紧密联系。

新课标对不同的文体有不同的阅读要求：阅读童话、寓言、故事等要对人物和事件有自己的感受和想法；阅读儿歌、儿童诗和浅近的古诗重在获得情感体验，感受语言的优美；阅读叙事性作品要了解事件梗概，能简单描述自己印象最深的场面、人物、细节，说出自己的喜爱、憎恶、崇敬、向往、同情等感受；阅读诗歌，要大体把握诗意，想象诗歌描述的情境，体会作品的情感；阅读说明性文章，能抓住要点，了解文章的基本说明方法；阅读简单的非连续性文本，能从图文等组合材料中找到有价值的信息。

根据新课标的要求，无论是教师还是学生，在"阅读与鉴赏"中，首先要判断文章属于什么文体，再选择教学和学习的策略。"阅读与鉴赏"教学实质上就是帮助学生形成阅读不同文体的技巧和方法，提升阅读能力和语言运用能力。因此，与不同文体相匹配的教学策略自然也是不一样的。下面列举小学教材中常见的几种文体文本跟大家探讨一下相关的教学策略。

1. 童话类

童话故事具有想象丰富、情节离奇、时有反复等特点，一般通过幻想、夸张、象征等手法来塑造形象、反映生活。在童话的"阅读与鉴赏"中，我们要从儿童学习的视角出发，采用复述、想象、续写、朗读、表演等形式与策略，引领学生由感性到理性，由文字到意蕴，摒弃假恶丑，崇尚真善美。下面是部编版教材四年级下册童话《巨人的花园》的教学片段。

师：童话故事想象丰富、情节离奇，读着这篇课文，你的大脑里一定浮现许多丰富而离奇的画面。请大家再次默读课文，看看这是一个怎样的花园，哪些词语让你头脑中出现了神奇的画面，把它们标画出来，稍后我们进行交流。

（生默读、标画）

师：现在我们来交流一下吧，你觉得这是一个怎样的花园？

生：我觉得这是一个可爱的大花园。从课文第2自然段"柔嫩的青草""美丽花朵""丰硕的果子""悦耳的歌"这些词语中，我看到了孩子们在花园里玩得很快乐。

师：你说得真好，你能把花园的可爱和孩子们的快乐通过朗读表现出来吗？

（指导朗读后继续交流）

生：请同学们看第6自然段。在这一段，我圈画出的词语是"北风呼啸""雪""霜""冰雹""用力跑"。通过这些词语我想象到了虽然春天来了，但是花园里却非常的冰冷。因为巨人回来后，赶走了孩子们，花园就变成了寒冷的冬天，我感到巨人的花园很神奇。

师：是呀，这么寒冷的冬天，巨人多希望它快点过去，春天快点来呀。于是，等呀等，可是花园里的春天始终没有来，夏天、秋天也没有来，你们从这里感受到——

生：神奇，不可思议。

师：是呀，还有哪些不可思议的画面吗？

生：请同学们看第10、11自然段，这里说一只小小的梅花雀在窗外唱歌，一缕阳光就从窗外射进来了，春天来了，孩子们从小洞爬进花园，花园又热闹起来了，我觉得这个画面太美了，太神奇了。

生：还有更神奇的，就是那个哭泣的小男孩站着的角落还是冬天。

师：是呀，看到这个情景，巨人心也软了。他突然明白为什么春天不肯到他的花园来了，他很后悔自己之前的举动。同学们，巨人到底明白了什么，你能把他此刻的心里话说给大家听听吗？

生1：原来我赶走了孩子就是赶走了春天，我当初太自私了。

生2：没有孩子的地方就没有春天，我不应该赶走孩子们。

师：当巨人把小男孩抱起来放到树枝上，后面又出现了什么神奇的画面呢？

生：这棵树马上开花了，小鸟们也飞来歌唱，别的孩子也都跑回来了。

师：此时此刻，巨人更加明白了——

生1：孩子们的欢笑唤来了春天。

生2：有孩子的地方才有春天，有孩子的地方才有欢笑。

生3：美好的东西要和大家一起分享，这样才能体会到快乐。

师：是呀，这句话讲得太精彩了，如果巨人把花园据为己有，就感受不到春天的快乐了。所以大家要记住，美好的东西——

生：要和大家一起分享。

师：请同学们把这前后大不一样的景色对比着读一读，边读边想象画面。

（课件出示对比的两段话，指名读）

师：好的朗读总是能让听众透过你的声音，看到生动的画面。谁能再读一读，让我们感受到花园变化的神奇？

（指导学生读出画面感）

师：如果能把巨人与孩子们的故事演出来，那就更有吸引力了，我们小组内分工合作试一试，看看哪一组演得好，我们推举他们出来演给全班同学看。（通过表演加深学生对故事主题的感悟）

……

师：从那以后，巨人的花园又成了孩子们的乐园，花园里每天都充满了欢声笑语。请同学们展开想象的翅膀，写一写巨人和孩子们在花园里会发生哪些快乐而美好的事情。

就这样，在生本对话、师生对话、生生对话中，教师通过想象、朗读、表演、续写等各种途径，引领孩子们感受童话故事奇特而丰富的想象。

2. 小说类

小说是以刻画人物形象为中心来反映社会生活的一种文学体裁，

主要通过故事情节及环境描写来塑造人物形象。在小说类文本的"阅读与鉴赏"中，我们重点要引导学生通过体会环境描写及人物刻画的各种手法，多维度地品悟人物形象。下面是部编版教材六年级上册小说《穷人》的教学片段。

[PPT课件] 桑娜脸色苍白，神情激动。她忐忑不安地想："他会说什么呢？这是闹着玩的吗？自己的五个孩子已经够他受的了……是他来啦？……不，还没来！……为什么把他们抱过来啊？……他会揍我的！那也活该，我自作自受……嗯，揍我一顿也好！"

师：桑娜把西蒙的两个孩子抱回家后内心掀起了阵阵波澜。请同学们读读这段话，边读边思考，桑娜都想了些什么？

（生根据文本中的表述作答）

师：大家看，除了文字所述，文中还用了不少的省略号，联系上下文想想省略号背后还隐藏着桑娜内心哪些话语？

生1：桑娜也许会想，丈夫每天都起早摸黑地去打鱼，风里来浪里去的，遇到恶劣天气还不知道能不能平安回来，这样一家人才只能勉强填饱肚子，真的难为他了。

生2：桑娜会想，门外好像有声响，总算平安回来了，谢天谢地……原来，那不是他回来的声音，天呀，这该死的天气，上帝保佑他平安无事才好……

生3：桑娜也许会想，我真不该把他们抱过来呀，以后的生活该怎么过呀？丈夫一定会怪我的，但是我也没办法呀，这是两条幼小的生命呀！

……

师：好，哪名同学愿意通过朗读走进此时此刻桑娜的内心世界？

（生读）

师：他读得怎么样？谁认为自己读得比他好？

（生读）

师：你朗读的时候跟刚才那名同学的区别在哪里？

生：我省略号的地方停顿比较长，因为这是桑娜在思考，在担忧。

师：嗯，内心挣扎着，是不是？内心里也许有自责，也许还会有什么？

生：还有欣慰、恐惧、害怕。

师：文中哪个词写出了她此刻的心情？

生：忐忑不安。

师：是的。同学们，桑娜内心是忐忑不安的。如果你刚才把声音放得低一些，也许会更好一些。我们一起来读一读，读出穷人的善良。

（指导朗读）

师：同学们，生活中的桑娜是穷苦的，但精神世界的桑娜是富有的，因为她的身上闪耀着人性的光辉。列夫·托尔斯泰通过细腻的心理描写，让我们看到了桑娜高贵的品质。

……

师：淳朴、善良的桑娜把西蒙的两个孩子抱了回来，丈夫知道后又有怎样的表现呢？请同学走进夫妻俩的对话去看看。

（同桌之间分角色朗读对话）

师：读了他们的对话，我们来交流一下，对话中哪些地方最打动你？

生：渔夫这句话最能打动我，"我们，我们总能熬过去的！快去！别等他们醒来。"

师：这句话中有个字也深深打动了我的心，同学们知道是哪个字吗？

生：熬。

师：能给"熬"换个词吗？

生：挺、坚持、挨、撑。

师：什么情况下会用"熬"这个字？你有过熬的感觉吗？你从"熬"字读懂了什么？

生：生病吃中药的时候，我是熬过来的。从"熬"字我体会到了渔夫的善良和伟大。

师：原来，渔夫与桑娜的看法是不谋而合的，他们都有一个共同的特点，那就是——

生：宁可自己吃苦，也要帮助别人。

师：渔夫做出的这个决定容易吗？你从哪里看出来的？

生1："渔夫皱起眉，他的脸变得严肃、忧虑。"

生2："他搔搔后脑勺"。

生3："我们，我们总能熬过去的！"

师：是呀，没有过多的渲染，简单的几句话，一个令人肃然起敬的渔夫形象就浮现在我们眼前了。

……

教学中，我们根据小说的文体特点，把《穷人》这篇小说的"阅读与鉴赏"目标定位于"在不同的故事情节中，感受作者环境描写及人物刻画的高超技巧"。课后，我们还可以创设语境，迁移运用，让学生尝试运用心理描写来表现某个特定场合人物的状态及特点，在语言实践中提升学生的表达能力。

3. 游记类

游记是描写旅行见闻的一种散文形式，行文一般按照"所到、所见、所感"三要素进行安排。教学中，我们要抓住要领，有的放矢地引导学生去学习。下面是《游金华的双龙洞》课例片段。

师：作者是按什么顺序游览双龙洞的呢？在文中圈画出有关的词语，然后和同桌讨论并完成游程图。

［课件出示图文并茂的游程图：路上—（　　　）—（　　　）—
（　　　）—（　　　）—出洞］

（生自主学习）

师：讨论结束了吗？谁来说说你们合作完成的游程图是怎么填的？

生：洞口—外洞—孔隙—内洞。

师：全说对了，真不错！

师：要是我们能把这些连起来说说课文的主要内容那就更棒了，对照课文，同桌互相说一说。

（同桌互相说）

师：好，谁来试试？

生："我"首先来到了金华城，出金华城大约五公里来到罗店，过了罗店就渐渐入山，入山大约五公里就来到双龙洞口，走进去就来到了外洞，到了孔隙就到了内洞，最后作者仰卧在小船里出了洞。

师：你说的就是课文的主要内容。真棒，我们把热烈的掌声送给他。

师：你们瞧，金华、罗店、入山、洞口这是作者在去双龙洞的——

生：沿途。

师：外洞、孔隙、内洞这是作者正在游览——

生：双龙洞。

师：最后，作者原路——

生：返回。

师：通过游程图我们清晰地看到了作者的游览过程，游览的顺序就是作者的写作顺序，你们看，简而言之，作者是按照——

生：沿途—游览—返回的游览过程来写的。

师：同学们，游记除了要交代游程，还要抓住景色的特点写出自己所看到的、听到的、感受到的。请你在文中把作者的所见、所听、所感找出来。

……

在教学中，教师将游记类鲜明的文体特点融入具体的教学内容之中，通过对话的形式，帮助学生有效养成游记类文章的文体意识。

4. 说明文

说明文是客观地说明事物或阐明事理的一种文体，或说明事物的状态、性质、功能或阐明事理。教学说明文，教师要通过梳理结构、阅读比较、模仿练笔等训练，让学生意识到阅读说明文要明确说明内容，了解说明方法，感受语言表达的准确性和严谨性。下面，我们来看部编版教材五年级上册说明文《太阳》的教学片段。

师：同学们，通过之前的学习，你知道说明文基本的说明方法有哪些吗？

生：举例子、列数字、打比方、作比较。

师：是的，这四种是我们最常用的说明方法。文中有不少句子正是运用了这样的说明方法，你能把它们找出来跟大家说一说吗？

生："我们看到太阳，觉得它并不大，实际上它大得很，一百三十万个地球的体积才能抵得上一个太阳"用了列数字的说明方法。

师：这句话除了列数字，还用了什么说明方法？

生：还用了作比较的方法。

师：什么和什么作比较呢？

生：地球和太阳作比较。

师：看来一个句子中可以运用多种说明方法，我们要多留意哦。

生："太阳会发光，会发热，是个大火球。"这句话是比喻句，把太阳比作大火球。

师：这里不能说是比喻句，在说明方法里我们称之为打比方，这是它的专属名称。

生："到太阳上去，如果步行，日夜不停地走，差不多要走三千五百年；就是坐飞机，也要飞二十几年。"这句话用了列数字和举例子的说明方法。

师：你真是火眼金睛呀，一下就找出了两种说明方法。同学们，我们能不能也用上这些说明方法，介绍一下我们熟悉的事物呢？如教学楼、书包、文具盒等。

生：我们的教学楼横跨东西，5层楼高，长约50米，宽约8米，像一只展翅的雄鹰。

师：他说得怎么样？谁来评评？

生：他说得很好，用上了列数字和打比方的说明方法，把我们教学楼的规模和样子说得很清楚。

师：你也真会评。老师还听出来了，刚才这个句子有一个字用得特别好，猜猜老师想说哪个字？

生：像。

师：这个字确实用得也不错，不过还不是老师想说的那个字。

生："约"字。

师：没错！知道为什么说它用得好吗？

生："约"是"大概"的意思，表示还不是一个确切的数字。

师：掌声送给他！

……

通过师生之间的交流互动，教师将说明文的说明方法、语言使用的准确性等文体要素清晰地传递给学生，并实现迁移运用，让学生把习得的方法用来介绍身边熟悉的事物，有效地进行语言文字的训练。

以上只是列举了几种文体的教学案例，在教学中，我们要面对的文体自然远远不止这些，我们要时刻保持清醒的文体意识，做到"因体施教"：寓言要从兴趣入手，体验角色，领悟寓意；儿童诗要从品读入手，感受美妙的想象、美好的情感和纯美的语言；议论文要从观点入手，体会作者如何通过论据来论证观点、得出结论；非连续性文本要采用通读联想、定位提取、图文结合、推断整合等策略，把握文本主题，获取关键信息。不过，我们要避免对文体知识的概念化和系统化追求，不宜孤立地就方法讲方法，而是要在语言实践中浸润与渗透。

总之，每一种文体的编码方式都不一样，解码策略也就不尽相同，我们的教学方式和学习方法要根据文体特性来选择。

（四）渗透策略，"阅读与鉴赏"教学的不懈追求

1. 阅读策略的重要性

阅读策略是指读者在阅读过程中，根据阅读的目标、任务以及阅读材料的特点等因素，所采用的促进有效阅读的规则、方法、技巧。阅读策略是对阅读方法的综合运用，阅读方法则是指具体的方法，如果说"策略"是方向性的，那么"方法"就是通向目的地的具体路径。比如，"提高阅读速度"是策略，这一策略的落实靠的是不回读、连词成句地读、抓住关键词句读、带着问题读等不同的方法去实施。虽然阅读策略建立在阅读方法之上，但不是阅读方法的简单叠加，而是对阅读方法起着指导和调控作用。

心理学家和教育研究者的实验证明：阅读高手除了拥有丰富的背景知识外，还能灵活、有效地使用各种阅读策略。阅读策略的教学能够有效促进学生阅读能力的提升。目前，阅读策略教学已被写进不少国家和地区的母语课程标准。近年来，我国也特别重视阅读策略教学，统编版小学语文教材还做了一个非常重大的变革，那就是专门设置了几个重要的阅读策略单元，把阅读策略单独当作一个系统来进行训练，在普通单元中，也很注意将阅读策略渗透于教材的文本之中。

2. 阅读策略在统编版教材中的编排特点

阅读策略在小学语文统编版教材的编排上主要有"分散"与"集中"两种形式。

"分散"是指将阅读策略渗透于普通单元的阅读课文之中，而没有改变普通单元的"双线结构"组织形式，每个普通单元依然由"人文主题"与"语文要素"组成。例如，四年级上册第六单元，将"学习用批注的方法阅读"这个阅读策略渗透于《牛和鹅》《一只窝囊的大老虎》《陀螺》各篇课文的学习之中，每一篇课文的课后题都有意识地引导学生作"批注"。此外，本单元"语文园地"的"交流平台"也就"批注"这一阅读策略的方法及作用进行了进一步的总结；六年级上册第一单元，同样是将"阅读时能从所读的内容想开去"阅读策略渗透在《草原》《丁香结》《古诗词三首》《花之歌》的课文学习及"语文园地"的"交流平台"学习之中。阅读策略还有很多，如联结、推论、比较、综合、图像化、复述、概括、提纲、表格等，我们要根据不同的阅读文本，选择不同的阅读策略，以帮助学生阅读和学习。

"集中"主要体现在小学语文统编版教材为了提高学生的阅读能力，专门设置了四个阅读策略单元。（图8）

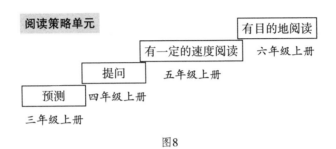

图8

这四个阅读策略单元的结构体例与普通单元基本相似，有精读、略读、识字写字、课后思考练习题、习作、语文园地等。与普通阅读单元不同的是，阅读策略单元不以双线结构的方式编排，而是完全以阅读策略为主线进行编排，每个单元的三至四篇课文联系紧密，作为一个整体呈现，突出训练目标的递进性与发展性。

三年级上册"预测"阅读策略单元安排了"教读"和"自读"两种课文类型（图9），体现了"方法辨认"和"学习应用"的实践过程。《总也倒不了的老屋》随文呈现的七处预测批注，为学生的预测做示范和引导，学生从中得到方法的归纳与整理，进而展开两篇自读课文——《胡萝卜先生的长胡子》《不会叫的狗》的学习。教读课文重在方法的指引，自读课文则侧重引导学生尝试预测、练习预测，进而提高预测能力。两类课文都体现了"学用式"的编排，有层次、有步骤地呈现了学习内容和学习要求，体现了学以致用的独特优势。

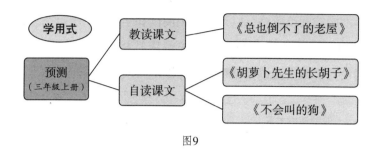

图9

四年级上册"提问"阅读策略单元由三篇教读课文和一篇略读课文组成（图10）。前三篇精读课文按"从全文和部分内容提问—从不同角度提问—学会筛选问题"由浅入深的顺序推进提问方法的学习，具有示范和指导作用，最后通过自读课文进行"迁移运用"，体现了"递进式"的训练目标。

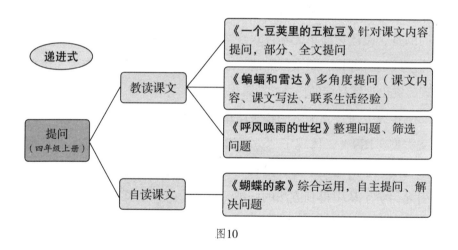

图10

五年级上册"提高阅读速度"阅读策略单元，围绕"学习提高阅读速度的方法"这一语文要素，对四篇课文分别做了不同的分工，提示学生通过"集中注意力，不要回读、跳读""连词成句地读，扩大视域""抓住关键语句""带着问题读"的阅读策略来提高阅读速度（图11）。每篇课文均编排课前学习提示，与课后习题相照应，分别介绍了提高阅读速度的具体方法。

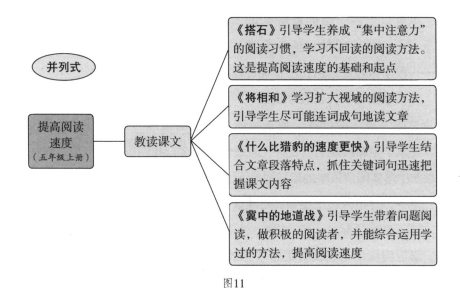

图11

六年级上册"有目的地阅读"阅读策略单元，三篇课文分别属于叙事性散文、科普性说明文、非连续性文本，提示我们各种体裁的文章都可以带着目的去阅读（图12）。"有目的地阅读"的训练中既有不同文体"阅读目的"并列式的体现，又有"阅读方法"递进式的深入，体现了教材编排的统整性、序列性和迁移性。

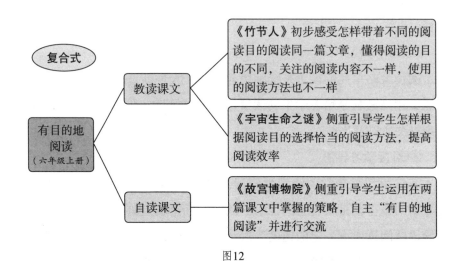

图12

纵观以上四个阅读策略单元，它们编排的共性及特点主要体现在以下三个方面：①单元独立设置——课程目标更明晰；②单元整体设计——教学内容更聚焦；③重视过程指导——学习实践更落实。

3. 阅读策略单元的教学建议

长期以来，阅读教学偏重技能和能力的训练，忽视阅读策略的指导，导致学生阅读能力的提升比较缓慢。那么，我们应该如何用好教材，在教学中落实阅读策略的指导呢？下面谈谈个人的三点体会。

第一，要把握三个要领：对准目标、用好教材、加强实践。

（1）对准目标

学习阅读策略是阅读策略单元的核心目标、外显目标，我们要根据核心目标和每课的具体目标来组织教学。在教学阅读策略单元时，我们不能习惯性地在感知内容和表达特色上下很多功夫，而应该利用文本，把握目标，适度降低对课文内容尤其是细节的语用实践要求，避免沉浸于有感情朗读指导、人物形象过度分析等教学环节之中，要凸显阅读策略的教学主线，促进学生思维的发展以及阅读素养的提升。例如，在教学《什么比猎豹的速度更快》一文时，我们应该对准"能借助关键词句提高阅读速度，了解课文主要内容"来组织教学，而不是把教学重点放在品词析句和探讨事物的特点等方面。

（2）用好教材

阅读策略单元的设置是统编版教材的一大创新，凝聚了编者深刻的用意，用好教材是培养学生阅读策略的重要保障。在使用过程中，我们要重点关注以下几点。

① 对接学习导语

统编版教材非常关注学生阅读思维的培养，各单元导读和课文学习导语的编排就是最有力的证明。例如，五年级上册第二单元，围绕单元导语"阅读要有一定的速度"这一阅读策略，每篇课文都有相应的学习导语：《搭石》要求"集中注意力，遇到不懂的词语不要停下来，不要回读"；《将相和》要求"连词成句地读"；《什么比猎豹的速度更快》要求"借助关键词句"提高阅读速度；《冀中的地道战》则要求"带着问题，用较快的速度默读课文"。每篇课文引导学生运用不同的阅读方法来提高阅读速度，因而教师在教学中要充分发挥学习导语的作用，对准教学目标，聚焦教学内容。

② 借助批注提示

将阅读思维过程可视化是统编版教材编排上的一大亮点，即以读者的角度，将典型的阅读思维轨迹在课文中进行批注，从而引导学生习得读书策略。例如，三年级上册《总也倒不了的老屋》中，文中七处随文批注呈现学生带着问题阅读课文、预测故事情节的思考过程，批注提示了多种预测方法：看题目预测，看图预测，根据故事内容预测，根据生活经验预测，根据阅读经验预测，等等。借助批注，学生可直观地习得预测的阅读策略。

③ 用好课后问题

五年级上册阅读策略单元，每篇课文的课后第一题都是相同的："你读这篇课文用了几分钟？了解了哪些内容？和同学交流自己的阅读体会。"这道题目的编排，编者独具匠心，意在通过同学的口吻，告诉学生各种提高阅读速度的方法，如：遇到不懂的词先跳过去；读到不理解的句子不要回读；一眼看到的内容从一个词组到一个句子，抓住文章的结构特点和关键词句可以提高阅读速度；带着问题去读理解课文内容更快……通过阅读体会的交流和展示，学生更直观、更有效地习得"提高阅读速度"的阅读策略。

④ 用好"语文园地"

阅读策略单元的"语文园地"紧扣单元的核心目标，安排了相关的交流内容，为学生阅读策略的习得与巩固提供有力的保障（表3）。

例如，三年级阅读策略单元的"语文园地"梳理总结了预测的方法和运用预测策略的好处；四年级阅读策略单元的"语文园地"总结了提问的方法、角度及运用提问策略的好处，以及如何提出有价值的问题；五年级阅读策略单元的"语文园地"梳理总结了提高阅读速度的方法，即学习边读边概括语句意思，提高阅读速度；六年级阅读策略单元的"语文园地"梳理总结了有目的地阅读的方法。

表3

语文园地	内容安排
三（上）"预测"单元	总结了预测的方法和运用预测策略的好处
四（上）"提问"单元	总结了提问的方法、角度及运用提问策略的好处，以及如何提出有价值的问题
五（上）"有一定的速度阅读"单元	梳理总结了提高阅读速度的方法，即学习边读边概括语句意思，提高阅读速度
六（上）"有目的地阅读"单元	总结了有目的地阅读的方法

（3）加强实践

学生在课堂教学中习得的阅读策略要及时地加以运用，才能适时巩固，其良好的阅读品质也才能逐步养成。例如，在学习了《什么比猎豹的速度更快》，学生掌握了"借助关键词句提高阅读速度"的阅读策略后，教师让学生拓展阅读《还有什么比象龟更老？》，让习得的阅读策略得以适时地迁移、巩固及提升。阅读策略的掌握和运用不是靠一篇课文、一个单元的学习就能落实的，而是要在大量的课内外阅读实践中形成。因此，教师要有意识地为学生提供新的、陌生的阅读材料，检验其阅读策略运用的实际效果，尤其要督促学生主动运用阅读策略进行"迁移"阅读，在大量的课外阅读中不断运用习得的策略，从而形成快速阅读能力，提升阅读素养。下面，笔者通过表4为大家例举"迁移"阅读的实施途径。

表4

课内文章	课外阅读	链接点	阅读方法训练
《搭石》	《古井》	同一主题：平凡事物中蕴含的美好	遇到难懂的词不要停下来，不回读
《将相和》	《田忌赛马》	同一文体：历史故事	连词成句地读
《什么比猎豹的速度更快》	《还有什么比象龟更老？》	同一文体：说明文	借助关键词句读
《冀中的地道战》	《地雷战》	同一主题：革命年代作战中的智慧与英勇	带着问题读

第二，要借助三条路径：寻求窍门、搭建支架、实施检测。

每个阅读策略单元都有自己的策略训练点，我们要根据单元阅读要素寻求更优的实施路径。一起看看五年级上册"提高阅读速度"阅读策略单元的训练路径吧。

（1）寻求窍门

寻求窍门指借用各种外力手段或小窍门，训练并提高学生的阅读速度。

① 追踪"滑动"

教师借助"引导物"，让学生的视觉追踪它的滑动轨迹进行快速阅读，这个引导物可以是手指、笔、尺子等，在兴趣的驱动下，在一次次的挑战中，学生的"引导物"滑动的速度在不断提升，也减少了回读的次数。

② 修炼"视域"

在规定的时间内，教师给学生出示不同的"闪卡"，"闪卡"里的内容依次从词到句，再到段落，看谁在规定的时间内获取的信息最多。这个游戏旨在引导学生连词成句地阅读，扩大视域，提升阅读速度。

③ 练就"火眼"

教师给学生提供文段，让学生快速找到文段中的关键词语，通过关键词句迅速梳理文段的主要内容。这种快速寻找"词眼""段眼"和

"文眼"的能力，我们美其名曰"火眼金睛"。此外，我们还可以通过"之字图"训练学生阅读的专注力，通过思维导图引导学生快速梳理文章脉络……只要教师用心发现，善用技巧，并在不断的快速阅读训练中帮助学生提升学生技能，学生就能逐步形成快速阅读并理解文章的能力。

（2）搭建支架

理解的速度直接影响着阅读的速度。换言之，只有理解的速度提升才能带动阅读速度的提升。搭建"理解型"支架，可以帮助学生提升阅读理解能力，进而带动阅读速度的提高。例如，《什么比猎豹的速度更快》和《冀中的地道战》两篇课文课后出示的排序题和思考题，就给学生提供了快速梳理课文主要内容的"理解型"支架（表5）。

表5

课文	支架
《什么比猎豹的速度更快》	根据课文内容，按运动速度的快慢给下面的事物排序，照样子填序号
《冀中的地道战》	地道战取得成功的关键是什么？结合课文内容说一说

（3）关注检测

"提高阅读速度"属于自我监控，是隐蔽的，教师必须借助某些方式进行检测，如每次阅读训练，可以让学生带着问题，运用提高阅读速度的策略，进行计时或者限时阅读，之后出示检测题，检测学生的阅读效果。例如，学习完《什么比猎豹的速度更快》后，教师提供阅读材料《蓝鲸是最大的吗？》，出示阅读提示，让学生阅读并完成检测题。

阅读提示：①借助所学的提高阅读速度的方法，快速默读。②读完后记录阅读时间。③完成练习。

检测题：

① 带着问题默读短文，边读边画出关键词句。［用了（　　）分钟］

② 短文按从小到大的顺序介绍了（　　）、（　　）、（　　）、

（　　）、（　　）、（　　　）等多个事物的大小。

教师通过以上的检测，及时了解学生掌握和运用阅读策略的能力，实现"教学评一体化"。在设计检测题的时候，教师还要注意以下几个小问题：①检测题的完成时间不宜超过五分钟；②检测时，要求学生不回看文本，以反映其真实的记忆理解程度；③检测题以把握大概意思为主，将检测阅读效果和整体感知文本相结合；④检测题以填空题、判断题、选择题、问答题为主，尽量少书写，可采用口头作答的方式。

第三，处理好三种关系。

（1）阅读策略和阅读理解的关系

所有的阅读策略都是为阅读理解服务的，"预测"也好，"提问"也好，"有目的地阅读"也好，最终都指向阅读理解，理解文本是检验一切阅读策略的标准。正如"提高阅读速度"不是一味求快，它与阅读理解的要求是同步的，没有同步的理解，再快的阅读速度都没有意义。

（2）概念学习与阅读实践的关系

学生学习阅读策略，是为了能在阅读实践中运用这些策略，帮助自己提高阅读能力，增加阅读经验，提升阅读效率和品质。要避免只教阅读策略的概念而不阅读、重视阅读策略知识而轻阅读、只围绕课文上的旁批进行教学而把方法当知识死记硬背等情况出现。如果学生只是记住了一些关于阅读策略的知识，而不能将之运用到阅读中，或者没有在阅读实践中体会到阅读策略的益处，提升实战技巧，那么这种教学是毫无意义的。

（3）单一策略与综合运用的关系

在课内进行了阅读策略的学习后，学生还要将之运用于课外，迁移到生活常态的阅读中。在实际阅读中，我们是不可能只运用单一的阅读策略的。比如，阅读《草房子》时，可能会涉及提高阅读速度、预测、提问、根据阅读目的选用不同的阅读方法等。因此，越到高年段，教师越要指导学生掌握并综合运用各种阅读策略，尤其在带着任务阅读和整本书阅读中，要根据阅读的需要，引导学生进一步发现、总结其他常用的阅读策略，如视觉化、联结等，从而真正提升学生的阅读能力和阅读品质，提高其阅读质量。

此外，我们还要正确地认识到，所有的阅读策略的学习并非"一日之功"，对阅读策略的教学万不可毕其功于一"课"。阅读能力的提升，不仅需要方法策略的指导，更需要持续的阅读实践，它是一个从有所认知到形成能力，到养成习惯，再到形成素养的长期的过程。因此，对阅读策略要不断地反复运用、综合运用，学生的阅读理解能力才能持续地、有效地提升。

（五）回归本真，"阅读与鉴赏"教学的根本任务

语文教学长期存在"少、慢、差、费"的现象，教师教得很辛苦，学生学得也很努力，但是，教学效果普遍不理想。学生不会读书，不会写作，不会学习，语文素养的提升效果堪忧。那么，问题究竟出现在哪儿呢？出在丢失了"读书"这个教育的"根本"。万事万物都有"根"，"根"是事物的决定因素，语文素养的"根"在于"读书"。一棵生病的大树，从枝叶上浇洒养分，只是舍本求末的行为，必须从根上采取有效救治，因此，以"读书"为"根"，强化"阅读"，强根固本是救治语文教学弊病的有效途径。

著名教育家苏霍姆林斯基说过："应该让孩子生活在书籍的世界里。"北大教授钱理群先生也强调："学好语文有很多要素，但最核心最根本的方式就是阅读。"阅读是语文教学本真和本色的一种思考和回归，阅读可以引领学生感悟语文独具魅力的语言美、意境美、思维美与文化美，进而有效提升学生的语文核心素养。关于阅读，我想分享以下三方面的思考。

1. 生本对话，回归阅读本位

阅读教学是学生、教师、文本之间对话的过程。在阅读教学中，教师与文本、学生与文本、教师与学生、学生与学生这几种对话形式的运用，其根本目的是让学生能够理解和感受文本，从中获得启迪与熏陶，并在多种对话过程中积累语言、内化语言，直至运用言语。这就明确了学生与文本的对话是阅读活动的主体，是阅读教学的中心，是所有对话的基础。语文教师要善于在文本与学生中间架起一座情感的桥梁，引导学生去挖掘课文的动人之处，去感受作者的思想情感，从而让学生深入文本，进而促进阅读的有效开展。

新课标倡导"着力发展学生核心素养，凸显学生主体地位，关注学生个性化、多样化的学习和发展需求"，而生本对话是以学生为主体，推动课堂教学改革及育人方式变革的有力体现。其间，有以石击石的火花迸射，有以情生情的心潮相逐，有以思引思的丝丝联结，充溢着无穷的可能性，散发着无限的生机与活力。如何创造平等对话、轻松交流的教学环境，让学生愉悦地与文本展开有效的对话呢？

（1）点燃热情，推动学生与文本的对话

新课标指出，"要关注个体差异和不同的学习需求，鼓励自主阅读、自由表达"。阅读是学生的个性化行为，是学生与文本直接对话的过程，要让学生在阅读中回归读者的本位。为了保证这种独立性与内在自由，教师必须让学生充分接触文本，在阅读教学中营造出平等、真诚沟通的氛围。因此，教师要做智慧的金钥匙，开启学生的心扉，通过入情入境的渲染，激发学生学习的兴趣，点燃学生参与文本对话的热情，让学生愉悦地参与到一次次的交流学习中。例如，在教学《只有一个地球》这篇课文时，我是这样声情并茂地导入新课的。

师："我们拥有一个共同的家园，她孕育了亿万个生灵，并且无私地奉献着……下面让我们乘坐宇宙飞船一起走进太空……这个水蓝色的晶莹的星球就是我们人类唯一生存的家园——地球。"

（学生一边聆听我的描述，一边随着银河、太阳、地球等资料图片走进浩瀚的宇宙时空）

当这一切呈现在学生眼前的时候，我真真切切地感受到了他们渴求提问的眼神！我不失时机地提问："此时此刻，你们想问些什么，想说些什么呢？"学生个个兴趣盎然，跃跃欲试——

生：我不明白为什么没有第二个适合人类居住的星球。

生：地球真美，可是为什么说她太容易破碎呢？

生：我们如何才能保护好我们的可爱的地球？

听完学生的问题，我因势诱导："你们提的每一个问题都很有价值，你们的大多数问题都能在书本的字里行间找到答案，老师相信你们通过自己的阅读思考，一定能解决这些问题。"接着，学生带着问题开启了与文本对话的探索之旅。"书忌耳传""学贵自悟"，我们应该给学生充足的自主学习空间，让学生走进文本，完成与文本之间的对话，让学生真正成为学习的主人，让他们的潜能得到开发，个性得到张扬。

（2）分析学情，保证学生与文本的对话

在与文本对话中，学生常常会出现一些学习的障碍，如词语障碍、背景知识障碍、理解障碍等。在教学中，教师应根据学生的实际情况，采取灵活多变的方法帮助学生清除在与文本对话中的障碍。例如，在教《詹天佑》这篇课文时，詹天佑生活的时代离学生较为久远，学生对修筑铁路所面临的困难理解不深，因此在感悟课文时，我做了以下处理。

师：孩子们，詹天佑在修筑铁路的过程当中遇到了许许多多鲜为人知的困难。老师从课外资料中摘录了一份，我们一起去看看——

（屏幕出示多媒体课件）

师：看着屏幕上的介绍，你对詹天佑遇到的困难有了更深的感受吗？

生：我读着"好友牺牲，女婿被绑架，女儿身亡"这些词，真为詹天佑伤心，詹天佑肯定是顶着巨大的悲痛在修筑铁路。

生：我读到慈禧太后不愿意为铁路花一分钱时觉得很寒心，也替詹天佑担忧。

生：我为那些乘人之危的帝国主义者感到羞耻。

生：我为詹天佑在恶劣的自然条件下的那种不畏艰辛、身先士卒的精神而感动。

教师通过音乐渲染、生动形象的图片展示、气候地形的图解等多媒体手段，让学生体会清朝政府的腐败无能、帝国主义的欺凌压迫、自然环境的恶劣给詹天佑修路带来的巨大阻力和压力，为拉近学生与文本之间的距离扫除了障碍，从而使语文课堂呈现丰富性。

（3）披文入情，深化学生与文本的对话

作者写文章是"情动词发"，我们读课文则应"披文入情"，语文课堂是挖掘情感、丰富情感、体验情感的主战场，而"读"则是激发学生情感的有效途径。在教学中，我们要引导学生感悟字、词、句所包含的情感，指导学生反复朗读这些重点语句，读出层次、读出感情、读出深度，使学生在读中悟，在悟中读。

统编版教材五年级上册《慈母情深》是一篇饱含深情的怀念母亲的课文，字里行间感人肺腑。在教学中，我让学生重点品读描写母亲工作环境以及对母亲的细节刻画的句子，通过朗读、对话、交流等多种学习方式来品悟文章的主旨，让学生通过有感情朗读来体会母爱是理解、是坚定、是宽容、是支持、是关心、是呵护……从而感受作者对母亲深深的愧疚与疼爱之情。我通过巧妙引导，精当点拨，让作者的文情、学生的学情、教师的教情有机地统一起来，产生共鸣，这个过程看似在咬文嚼字，实质上是让学生在读中品、品中读，让学生在与文本对话的过程中一步步走进作者的心灵。以下面的教学片段为例。

过渡：在这么嘈杂的环境下，我只能大声地呼叫母亲，母亲听到后，"转过身来"又是怎样的场景呢？

屏幕出示："背直起来了，我的母亲。转过身来了，我的母亲。褐色的口罩上方，一对眼神疲惫的眼睛吃惊地望着我，我的母亲的眼睛……"

师：这段话的表达也很特别，你知道特别在哪儿吗？

生："我的母亲"出现了三次，而且都在句子后面才出现。

师：如果是我们，这个句子通常会怎样写呢？也许是这样的——

屏幕出示：我的母亲背直起来了，她转过身来了。褐色的口罩上方，一对眼神疲惫的眼睛吃惊地望着我，她的眼睛……

师：我们来进行对比读读，你们齐读这段话，老师读原文，读完后说说你的体会。

生：这上下两段话，意思差不多，几乎没有变化。

师：你总结得非常准确，两段话的意思是一样的。可是，味道一样吗？感觉一样吗？

生：不一样。

师："我的母亲"反复出现，就像一组慢镜头，让我们把母亲看得更仔细、更真切。轻轻闭上你们的双眼，听老师朗读，你们去感受，随着慢镜头的推移，你仿佛看到了什么？

（师范读文段）

师：睁开眼睛，你看到什么样的背？

生1：极其瘦弱的背。

生2：极其弯曲的背。

生3：瘦骨嶙峋的背。

师：闭上眼睛，往前看，慢镜头拉近。

（师读："转过身来了，我的母亲。"）

师：睁开眼，告诉我你看到那是一张什么样的脸？

生1：疲惫的脸。

生2：疲惫不堪的脸。

生3：瘦弱的脸。

生4：布满皱纹的脸。

师：闭上眼睛，继续看。

（师读："褐色的口罩上方，一对眼神疲惫的眼睛吃惊地望着我，我的母亲的眼睛……"）

师：睁开眼睛，你看到了母亲怎样的眼睛？

生1：布满了黑眼圈的眼睛。

生2：疲惫的眼睛。

生3：布满血丝的眼睛。

师：母亲啊母亲，你的眼睛如何布满眼圈、血丝？我分明记得我母亲有一双黑珍珠般炯炯有神的眼睛。如今这双眼睛不见了。我的母亲。

师：孩子们，现在对慢镜头有感觉了吗？带着这份感觉我们再读这段话。三次"我的母亲"你们读，带着你们的感情，其他的老师读。

（师生合作读）

师：同学们读的真好！下面我们调换过来，三次"我的母亲"老师读，其他的你们读。注意找到那种感觉，读出那种节奏。

（师生再次合作读）

师：多伟大的母亲呀，老师忍不住把这段话变成了一首小诗，让我们把这首诗送给伟大的母亲，把你们的感动读出来。

（屏幕出示变换成诗歌的那段话，学生读）

……

以上教学片段，我通过对比朗读、师生配合朗读、改变文本形式朗读等多种朗读形式，让学生在读中悟、在悟中读，体会语言反复的表达之妙，感受母亲的辛苦、劳累、无私及伟大，将学生与文本之间的对话引向深层次。

（4）想象激情，升华学生与文本的对话

我们要珍视学生独特的感受、体验和理解，让他们畅所欲言，发挥他们的想象力和创造力，使他们在心灵自由的飞翔中，个性得以解放和张扬，感受到阅读的无限快乐。语文教材中有不少课文隐藏着"笔所未到，意有所忽"的留白，给我们带来了无限的学机，我们应该科学合理、巧妙又智慧地抓住课文的留白处，让学生合理发挥想象，大胆创新，从而使学生对文本主题的理解得到升华。

例如，《将相和》这篇课文篇末写到蔺相如的话令廉颇幡然醒悟，于是有了负荆请罪这一幕。我让学生想象："廉颇脱下战袍，背上荆条，亲自到蔺相如门上请罪。接下来会有怎样的情形发生呢？请你们合理想象，把接下来的故事编一编、演一演。"学生马上兴趣盎然地投入到故事的精彩演绎之中。

再如，教学《长相思》这首词作时，我通过赏析让学生感悟将士在外思念家乡和情思深苦的绵长心情后，引导学生想象将士跋涉行军与途中驻扎的景象，让他们穿越时空来到塞外把看到的、听到的、想到的说一说。学生插上想象的翅膀后，就能站得更高看得更远，同时丰富了词作的内容，蔓延了词作的意境。

对文本留白处的拓展想象，有利于学生联系生活与文本互动，培养其想象能力、思维能力和表达能力，使文本的内容更丰富、意境更立体。

以学生为主体，丰富生本对话的形式，是新课改倡导的课程理念，也是阅读教学的至高追求。教师应根据不同内容、不同类型的文章，巧妙引导学生与文本对话，久而久之，学生就会自觉地运用这些方法走进文本，领悟语言文字表情达意的精妙，享受阅读的无限乐趣。

2. 有效链接，拓宽阅读视野

著名教育家苏霍姆林斯基说过："让学生变聪明的方法，不是补课，不是增加作业量，而是阅读、阅读、再阅读。"然而，一个学期下来，学生的课内阅读内容只不过二三十篇文章，即使篇篇背得滚瓜烂熟又如何？必须让学生利用学过的知识、方法去广泛地阅读课文以外的文章和书籍，使他们"得法于课内，受益于课外"。因此，教师要以课堂为主阵地，充分发挥引导者的作用，在课堂讲解教材时抓住教材与课外读物中存在的联系点，全面辐射，巧妙拓展，搭建课内阅读与课外阅读的桥梁，引领学生走进更广阔的阅读天地，让其尽情地遨游书海，享受高尚情操与趣味的熏陶，发展个性，丰富自己的精神世界。

如何有效地进行课内课外阅读链接，拓宽学生的阅读视野？我们可以从以下几方面入手。

（1）巧妙生成，激发课外阅读兴趣

兴趣是学习的先导，是需求的动力。只有培养学生课外阅读的兴趣，学生才会努力去寻求阅读机会，从中获得信息，得到阅读满足，才会将"要我读"转化为"我要读"。

第一，悬念激趣。

众所周知，一听到教师说要讲故事，学生个个精神抖擞，双耳竖立，喜悦之情溢于言表，迫不及待地想一听为快。例如，教学《小英雄雨来》一文时，随着教师声情并茂地娓娓宣讲，学生津津有味地聆听，情感交叠，期待结局大白之际，教师戛然而止，动容地告诉学生："故事情节交错复杂，后面的可更精彩呢，想知道更多的故事情节就去阅读整本书吧，那会带给你更多的惊喜。"学生被扣人心弦的故事情节激起了浓厚的兴趣，就会主动地去阅读，这种方式恐怕比任何说教都有效。

第二，梗概引趣。

教师要经常有目的、有计划地向学生介绍一些书中人物、内容梗概或精彩片段，激发学生"欲知详情，请看原文"的欲望。例如，在教学《卖火柴的小女孩》《刺猬汉斯》后，教师可介绍学生阅读《安徒生童话选》《格林童话》；结合《将相和》《草船借箭》的教学，绘声绘色地讲述《史记》《三国演义》的精彩梗概。这样做，学生就会被兴趣所推动产生继续阅读的意愿，进而在阅读中感受名著独特的艺术魅力。

第三，话题诱趣。

个性化的话题可直接唤起学生阅读的主体意识，激发学生的阅读兴趣。根据不同的教材，我们可以在课堂上设计不同的个性化话题。例如，在教学《我的伯父鲁迅先生》时，我们设计了"我认为他是一个_____的人"的话题，让学生有理有据地围绕这一话题说出了自己对文中人物的看法和评价。接下来，我们进一步引导学生阅读更多有关人物介绍的文章，如《鲁迅自传》《毛泽东的少年时代》等，让学生从课内阅读走向更广泛的课外阅读。我们还可以以想象、景物、人生感悟等为话题进行设计。这样，不仅调动了学生的主体阅读兴趣，又可以让学生拓宽视野，提升思辨能力，提高欣赏品位。

兴趣是一切有成就的人成才的起点。只要让学生体验到阅读的兴趣，就能增强他们在阅读中的主体意识，实现阅读能力的自我提升。

（2）以点带面，拓展课外阅读内容

阅读教学要立足于课本，但绝不能局限于课本。教语文不应只教语文教材，而要以课本为中心，向课外辐射，以一篇带多篇甚至多本，以课内带课外，以精读带博读，不断开阔学生视野，有效地增加学生的阅读量，使学生的人文底蕴加厚、加宽。

第一，拓展延伸。

教材中不乏名家或名著的节选、缩写，教师以此为契机，在教学前后，把原文、原著推荐给学生，让学生在由整体到局部、由局部到整体的阅读中，不仅能更立体地理解课文，而且可以建立起读名篇、名著的兴趣，进而提高他们的文化品位和审美情趣。以《少年闰土》为例，教师在课内引导学生采取自读、自悟的方式，感受农村少年生活的多姿多彩以及"我"的无限向往。在此基础上，教师以激趣性、导向性语言询问学生："在本文中，同学们认识了活泼机灵的少年闰土，你们想知道成年后闰土是怎样的吗？几十年后，他还能和'我'亲密无间、无话不说吗？如果你们想知道这一切，请同学们课后阅读《故乡》，它会给你一个完整的答案。"这种以文本为据，适度拓展的阅读方式，不仅丰富了闰土的形象，还可以激发学生对鲁迅作品的兴趣，这对学生在语文学习方面的影响将是持续不断的。类似的课文还有很多，如《祖父的园子》《景阳冈》《猴王出世》等都属于节选文，教师均可以引导学生进行拓展性续读。除了依文本内容进行拓展性续读外，还可以依作者进行拓展。比如，学了《匆匆》后，教师引导学生去读朱自清的散文；学习了《鸟的天堂》后，让学生收集并阅读巴金的作品。这样不仅增加了学生的阅读量，而且加深了学生对名家名篇的进一步了解，给了学生的课外阅读一个健康的指引。

第二，比较鉴赏。

选择阅读材料意在与课内教材进行比较，在比较阅读中培养学生的鉴赏能力，这也是引导学生学习写作方法、提高文字表达能力的有效途径。例如，学了王维的《送元二使安西》后，教师可引导学生对比阅读王勃的《送杜少府之任蜀州》、王昌龄的《芙蓉楼送辛渐》、高适的《别董大》、李白的《黄鹤楼送孟浩然之广陵》等，使学生在比较鉴赏中领会送别诗常有的写作套路和情感，提高学生的鉴赏能力和写作技巧。再如，在教学《草船借箭》一课时，为了让学生了解周瑜、诸葛亮这两个人物多方面的性格特点，教师可以为学生提供"孔明借东风"的课外材料。学生在阅读两篇同个主题的材料时，就会自觉地进行对比、整合，归结出周瑜、诸葛亮等人物丰满的性格特点。所以，教师有必要选择推荐那些和课文主题相类似的课外阅读内容，引导学生主动阅读。

第三，释疑解惑。

以教材中的疑难问题为切入点选择课外阅读材料指导阅读，既有助于学生解决疑难，加深其对文章的理解和情感的把握，又能扩大学生的阅读面。例如，在教学《我的伯父鲁迅先生》一文时，为了让学生更好地理解人们对鲁迅先生的爱戴，更好地体会鲁迅先生"为别人想得多，为自己想得少"的伟大品格，就有必要让学生更贴近人物，对人物的生平有一定的认识。笔者在教学这一课前，布置学生搜集有关鲁迅先生的资料（图片、故事、生平、名言等）。当这些资料汇到一处时，这些多个角度的不同信息让学生更完整地认识了一个有血有肉的伟大人物的形象。对于科普类的说明文，此类拓展阅读更值得推广。例如，在教学《纳米技术就在我们身边》《只有一个地球》等课文时，教师要在广泛收集相关资料的基础上，组织学生进行交流，以实现阅读综合能力及训练目标的全面提升。

（3）授之以渔，提高课外阅读能力

第一，粗精结合。

如果说精读是精雕细琢，那么粗读便是走马观花。阅读时，根据实际需要可以灵活运用。例如，看《水浒传》时，若要看故事情节发展，可快速浏览；若要看人物塑造的手法，则可仔细品味动作、语言、神态、肖像等描写，仅《鲁提辖拳打镇关西》一回就足以让人惊叹不已。另外，粗读和精读是兼容并蓄的。不同的阅读内容可采用不同的方法，一般新闻报刊可大致浏览，粗读一番；散文名篇可仔细揣摩，精读品味；时尚读物可快速浏览，知其大意。只有将粗读和精读不失时机地结合起来，才能提高阅读效率。

第二，读记结合。

徐特立先生的名言"不动笔墨不读书"告诉我们什么是最有效的读书方法，这是因为动手画、摘、批、做等，能让学生不仅用眼睛读书，还能用心、用脑、用手一起读书，从而取得更好的阅读效果。首先，读书要养成边读边思考，边圈点勾画的习惯，将重点的词、句，精彩的段落做记号，进而理解内容，提高对作品的感知能力。其次，读书要养成做读书笔记的好习惯。读书笔记记录的内容尽量做到"百花齐放"，如摘录优美的词句、精彩的描写、生动的对话、好的开头和结尾、精辟的议论，记历史、地理以及其他学科方面的知识或趣闻，记名人名言、精句、名人故事或英雄人物的事迹及豪言壮语，等等。此外，我们可以引导学生剪贴有价值的阅读资料。在阅读过程中，学生把自己需要的、感兴趣的内容或图画剪下来，贴在课外阅读本上，贴的方法形式不求统一，鼓励学生在自己摘录的内容的旁边配上用彩笔自画的插图花边。这样，学生在读读、剪剪、贴贴、画画的过程中获得了知识，陶冶了情操。闲暇时欣赏自己的杰作，也是一种享受。

第三，读写结合。

"一千个读者心中一千个哈姆雷特"，读者心中的哈姆雷特早已不是作者笔下的那一个，而是融入了自己的理解。哈姆雷特是个怎样的人？这一问题的答案应该是丰富多彩的。在阅读一本书或一篇文章时，我们需要学会保持一种独立的精神来加以审视，不妨用圈点勾画法、眉批法、旁批法加以鉴别、欣赏和评价，把阅读的独特感受记录下来，用文字同作者及他们笔下的人物沟通交流。我们还可以鼓励学生多写读后感或者简评来提高鉴别能力。在语文课堂上，教师可以举办一些读书交流会，让学生抒发自己对作品的独特感受，在交流中擦出思想的火花，以提高学生的阅读兴趣，最终提高其鉴赏能力。

在课堂上，教师可调动学生的多种感官，让学生做到口到、眼到、心到、手到，边读、边想、边批注，谈感受。而对于课外阅读，教师可鼓励学生将课上所学的方法加以运用，养成认真有效阅读的好习惯。

语文作为一门融知识性、思想性、艺术性、趣味性为一体的基础学科，与生活是紧密联系在一起的。生活多广阔，语文教育的天地也就有多广阔。因此，语文教学要把课堂延伸到课外，语文教师要搭建沟通的桥梁，把课内学习和课外学习结合起来，依托教学内容指导学生课外阅读，拓宽学生的视野，促进其语文素养的全面提升，为学生的终身发展奠定扎实的基础。

3. 问题导向，提升阅读实效

新课标倡导："少做题、多读书、好读书、读好书、读整本书。"整本书阅读已经成为全面提升学生语文素养的一个基本策略。尽管我们深感"读整本书"的必要与重要，但对于如何有效实施，我们很多教师都是云里雾里，也许只停留在"加强对课外阅读的指导，开展各种课外阅读活动，创造展示和交流的机会，营造人人爱读书的氛围"这些比较笼统的、口号式的认识里，而对于如何有效落地，还没有一个很明确的思路。整本书阅读教学，是语文课程改革抛给我们的一个重要的命题。

专家、学者们在研究实践中普遍认为整本书的阅读教学，必须凸显学生的主体地位，教师要当好阅读活动的引领者，让学生在个性化的交流、展示等活动中，体验阅读兴趣，习得阅读策略，积累阅读经验，养成阅读习惯。教师如何当好引领者的角色呢？笔者认为，讨论是整本书阅读教学的核心，因而教师要以问题为导向，通过精心设计的提问来引导学生深度阅读和充分讨论，让整本书阅读教学的实效性达到最优化。

首先，我们分析一下整本书阅读教学的"提问"存在的五大问题。

导读问题的设计，直接影响着整本书阅读能否走深、走远。纵观学生阅读存在的浅表、狭隘等现象，究其原因，主要是教师的导读问题没有设计好。普遍存在以下五方面的问题。

（1）盲目性

问题的设计没有明确的针对性与指向性，问题显得滥、杂、细、碎，仿佛为了提问而提问，表面上看教学环节紧凑、气氛活跃，实际上学生的阅读与交流浮于表面，教学效果不尽人意。

（2）单一性

问题多以独立的个体呈现，没有寻求问题之间的相互关联、整合、承接、深化等。没有系统化的问题作为载体，学生难以形成立体化的阅读感悟。

（3）事实性

提问注重思维的结果，寻求最终事实性的答案，忽略了过程性的推导及诠释，使整本书阅读与言语智能割裂开来，学生的语文核心素养没有得到有效的提升。

（4）认同性

提问多指向固定性、认同性的结论，学生的批判性思维得不到开发，观点得不到自由表达，使个性化阅读沦为一句空话。

（5）封闭性

问题的设计过于呆板、封闭，忽视了文本与生活、社会的联系，没能激发学生探讨的兴趣，没能带给学生尽情发挥的空间，弱化了学生阅读的主动性。

接着，针对以上问题，我们探讨一下，可以通过怎样的方法与途径进行改进与优化。

（1）变盲目性问题为指向性问题

语文课堂教学我们倡导"一课一得"，整本书阅读我们也提倡一本书锁定一个关键的语文素养。因此，在设计导读问题时，我们要针对不同的作品，让提问指向不同的语文素养培植点，下面重点谈谈三个"指向"。

第一，指向核心价值。每本书都具有自己独特的文学精髓，有自己的灵魂。在教学中，我们要捕捉文本传递出来的最核心的价值，倾听文本最深处的声音，从而寻找有价值的切入点，如语言训练点、想象拓展点、思维发散点、情感体验点等，设计精当的问题，引导学生深入探究，挖掘文本深处的"秘妙"。例如，《草房子》用诗一般的语言，为我们描绘了唯美的江南水墨画，更是站在儿童的角度，演绎了成长中一个个撼动人心的美丽的故事。作品让我们看到了"美"无处不在，如一望无际的芦苇荡，金色的草房子，一个个可爱的孩子，一幕幕感人的画面……让读者仿佛置身在晶莹剔透的童话世界里。因此，我们要以"美"为切入点，从"寻找美"的角度设置问题：作品中最能打动你的"美"是什么？你从哪儿感受到这种美的？在我们生活中，你有没有发现这种美呢？通过这些问题引导学生走进文本、深入探讨，挖掘作品中的景物美、人性美、故事美、语言美……从而感受语言、体味成长，让学生在悄无声息之中明白责任与担当，从书籍中汲取成长的力量。

第二，指向文体特点。不同文学体裁的书，有不同的文体思维和语言价值，我们要根据文体特点，通过问题的导引，让学生选取最能体现文体特征的内容来读。例如，阅读《呼兰河传》时，我们的问题要指向体会"萧红语体"的特点；阅读法布尔的《昆虫记》时，问题要指向感受科学小品文的魅力；等等。再如，读童话我们要体味其丰富独特的想象及其美好的意愿；读小说我们更关注环境、情节与人物特点；读散文我们则要走近作者，追求心灵的相遇；等等。即便是同一个文学体裁，如小说，不同的类型和主题也有不同的读法，我们问题的设计指向性也就不同了：成长小说关注"心灵"，动物小说关注"情境"，历险小说关注"冲突"，科幻小说关注"想象"，等等。《水浒传》作为章回体小说，在结构、编排、表达等方面都有自己独特的方式，根据其特点，我们可以通过以下几个步骤引导学生掌握章回体小说的阅读策略。首先，我们提问学生：小说的回目在写法和作用上有什么特点？学生在观察和思考中不难发现，回目的写法都是对偶，而且主要由这一回的主要人物和主要事件组合而成，如第十七回"花和尚单打二龙山 青面兽双夺宝珠寺"。其次，我们让学生思考：小说的各个小故事之间有什么联系？学生就会发现小说中的一回或若干回可以组成一个相对完整的小故事。有的小故事以事件为线索串起来，如第四十七回到第五十回都是写"攻打祝家庄"的。有的是以人物为线索，如从第二十三回到三十二回都是写"武松"的。这些以事件和人物为线索串起来的小故事，又是小说中套着的故事，它们环环相扣组成了这部长篇章回体小说。最后，我们在学生读完一百回的《水浒传》后提问：这么长的一篇文章，我们能不能把它读短？请试着用归纳提炼的方法，把文章的结构梳理出来吧。通过这个问题的思考，学生就会整理出《水浒传》由楔子、好汉聚义、合伙招安、南征北战及结局这五部分组成，进而对章回体小说的阅读策略举一反三，将其更好地运用到其他小说的阅读中。

第三，指向语文要素。整本书的阅读教学，要以培养学生核心素养为出发点和归宿点，这与教材内容的教学是高度一致的。我们要在课内阅读和课外阅读之间架起一道桥梁，做到教材内容与整本书阅读的有机融合。因此，整本书阅读教学的提问可结合教材同步的语文要素，实现教材与整本书的无痕对接。例如，统编版教材六年级上册课文《桥》教学中，要落实的语文要素有"抓住矛盾冲突，把握人物形象"这一阅读策略。在学生掌握这一策略的基础上，我们就可以设计相应的导读问题，让他们在整本书阅读中加以巩固和运用。再如，《西游记》中哪些故事是通过矛盾冲突更好地表现孙悟空疾恶如仇、洞察敏锐的个性特点的？在这一问题的指引下，学生能从《三打白骨精》《大闹天宫》《真假美猴王》等故事中顺藤摸瓜，深入感受作品刻画人物的表现形式，从而使语文素养得到进一步提升。

（2）变单一性问题为系统性问题

整本书的阅读，教师的提问要注意问题之间的系统性，努力构建相互作用、层次鲜明的"问题链"，通过对"问题链"的逐一排解，将整本书阅读引向纵、深的层次。"问题链"构建的方式可以是并列式、递进式、整合式等 。例如，阅读《窗边的小豆豆》时，我们可以设计这样一个"牵一人"而"动全书"的主问题：小豆豆如何从一个一般人眼里的"怪小孩"逐渐变成一个大家都能接受的孩子的？通过这个主问题带出递进式的次生问题：在小豆豆的成长中，对她影响比较大的人和事有哪些？对这些人和事你有什么感受和体会？结合小豆豆的成长，谈谈你认为什么才是最好的教育。后面三个次生问题围绕着"主问题"环环相扣，推动学生不断深入思考，逐步揭开文章的主旨。在系统性问题的梳理、思考、交流、碰撞中，学生的思维、审美得以提升，语言实践能力更是得到了有效训练。

（3）变事实性问题为诠释性问题

在整本书的阅读教学中，教师提问的目的往往不在于得到事实性的答案，而在于学生寻找答案的思维过程及诠释方式，我们要变事实性问题为诠释性问题，以此来提升学生的思维能力及语言智能。以《淘气包埃米尔》为例，我们的问题不能只停留在"埃米尔具有什么样的性格特点？"上，而是把问题提升为：埃米尔到底有多淘气？请你罗列事例为大家诠释一下。在这个问题的驱动下，学生就会整理以下的事例加以诠释：埃米尔把头钻进汤罐子，闹得妈妈要把汤罐打碎；为了让妹妹能在最高处看风景，他把妹妹挂在旗杆上升到高高的杆顶上；为了消灭老鼠，他把老鼠夹放在桌子底下，结果夹住了爸爸的脚丫子；为了让爸爸高兴高兴，他把从河里捞来的活龙虾放到爸爸的睡床边，结果爸爸醒来一脚踩进了龙虾堆……以此类推，在阅读其他文学作品时，学生也会自觉地运用"提取突出体现人物特点的典型事件来解读人物"的方法，其良好的阅读习惯和言语智能也就形成了。

（4）变认同性问题为批判性问题

批判性思维被许多西方学者及有识之士视为人类创新精神的核心，而批判性阅读则是培养学生批判性思维的重要途径。各国教育界都倡导学生从小就用自己的眼光去阅读，学会批判性阅读，并发表自己独特的见解。因此，整本书阅读的提问，不是将学生导向事理确凿、非此即彼的认同性答案，而是鼓励学生多角度地思考问题，尊重学生的"另类思考"，或许正是这些"另类思考"中蕴含着可贵的打破思维定式的创造火花。例如，美国教师教《灰姑娘》时所提的几个问题：如果你是辛德瑞拉的后妈，你会不会阻止辛德瑞拉去参加王子的舞会？如果在午夜12点的时候，辛德瑞拉没有来得及跳上南瓜马车，可能会出现什么情况？如果辛德瑞拉因为后妈不愿意她参加舞会就放弃了机会，她还有机会成为王子的新娘吗？这个故事有什么不合理的地方吗？这些问题打破了文本固有的结构，激发了学生全新的思维方式。最后一个问题更是引发了学生对文本的质疑：午夜12点以后所有的东西都变回原样，为什么辛德瑞拉的水晶鞋没有变回去呢？可见，这样的提问可以引导学生以更积极的态度去创造性地解读文本，形成自己的判断和观点。类似的提问，拓展到其他作品的阅读亦然，如读完《格林童话》后你有没有对哪个故事的结尾有不同的想法？再如，读了《汤姆·索亚历险记》，结合自己的生活实际，说说，你更喜欢顽皮的孩子还是乖孩子？这样有意识的提问将学生的思维引向更广阔、更全新的领域，久而久之，学生的批判性思维就会在阅读中得到更好的培养和长足的发展。

（5）变封闭性问题为开放性问题

语文课程是开放而富有创新活力的。对于整本书的阅读，我们要放眼生活、放眼社会，创设开放而有创意的问题，让学生对感兴趣的人物和事件发表自己的观点和看法，甚至悟出自己的人生哲理。因此，我们要根据作品的内容、主题、情感等向学生提出"怎么看？""会怎样？"等开放性问题，引导学生挖掘作品的核心价值。例如，《夏洛的网》中写道："生命到底是什么啊？我们出生，我们活上一阵子，死去。一只蜘蛛，一生只忙着捕捉和吃苍蝇是毫无意义的，通过帮助你，也许可以提升一点我生命的价值。谁都知道活着该做一点有意义的事情。"针对夏洛这番话，教师向学生提问：你认同夏洛的观点吗？你怎么理解"有意义的事情"？再如《鲁滨逊漂流记》，鲁滨逊的求生故事告诉我们什么道理？又如，高尔基写自己童年的悲惨经历，告诉我们不管生活多么艰难，总有一些善良而美好的人，生活中我们也会遇到许多困难和挫折，你能举例说说看完《童年》后对你有什么启发吗？在这些提问的驱动下，学生结合生活经验和课内外阅读的积累纷纷发表自己的看法，学生由平面单一、被动接受地阅读转变为积极主动、多元立体地阅读。甚至，我们可以鼓励学生从不同角度自主设计问题，让学生在阅读中思考，在思考中提问，在提问中交流，在交流中走向深度阅读。

综上所述，提问策略的"五个转变"让整本书阅读教学的导读问题更具指向性、系统性、诠释性、批判性及开放性，对学生的有效阅读、深度阅读及终身阅读都具有重要的影响。因此，以问题驱动构建整本书阅读教学的有效课堂是一种行之有效的教学策略，为整本书阅读教学打开了一片崭新、宽阔而又亮丽的新天地。

三、重在运用——表达与交流教学

（一）新课标对"表达与交流"的学段要求

新课标对"表达与交流"的学段要求，从横向看，跟旧版的课标要求几乎没有变化，三个学段基本都是在旧版课标的写作（写话）和口语交际板块上进行调序、合并。只是第二学段的要求略有变化，其中第三条增加了"能主动参与日常生活中的文化活动，根据不同的场合，尝试运用合适的音量和语气与他人交流，有礼貌地请教、回应"，第四条把旧版课标中写作要求的第三条"能用简短的书信、便条进行交流"变为"能用便条、简短的书信等进行交流"。这些改变体现了新课标更注重语文的实践性，主张在具体情境中将习得的语言加以运用。

从纵向看，关于表达的要求，三个学段都注重学生的表达兴趣，强调观察、想象、积累在表达中的重要性，强调表达自己的真实感受，在习作内容、文体要求、修改上等则随着年段的增高而增多、加深、拓宽，体现了循序渐进的特点；关于交流的要求，三个学段都强调普通话的学习和使用，强调表达交流的自信心，强调倾听的重要性，强调说话时的文明礼貌。不同的是，随着年段的增高，对倾听和说话的要求也逐渐提高。比如，"倾听"的要求：第一学段要求"能认真听他人讲话，努力了解讲话的主要内容"，第二学段要求"听人说话时能把握主要内容，并能简要转述"，第三学段要求"听人说话认真、耐心，能抓住要点"。再如，"说话"的要求：第一学段要求"听故事、看影视作品，能复述大意和自己感兴趣的情节""能较完整地讲述小故事，能简要讲述自己感兴趣的见闻"，第二学段要求"听人说话时能把握主要内容，并能简要转述""能清楚明白地讲述见闻，说出自己的感受和想法，讲述故事力求具体生动"，第三学段则要求"能抓住要点，并能简要转述""表达有条理，语气、语调适当""能根据对象和场合，稍做准备，作简单的发言"。由低段的复述大意，到中段的简要转述，再到高段的表达有条理，语气语调适当，能稍做准备，作简单发言，可以看出要求学生说的能力逐渐提高。

总的来说，无论是交流还是表达，三个学段的目标要求都遵循知识能力的系统性、层次性与循序渐进性。

新课标将"习作"与"口语交际"整合编排，统一为"表达与交流"，旨在整合听说读写，使之相互依存，相互促进，相得益彰。例如，阅读教学可以给"交流"和"表达"提供语言的积累、表达的图式和思维的方式，"口语交际"（交流）的成果可以为"习作"（表达）提供思路与素材。二者的相互促进，对于提高教学效率是大有帮助的。但是在具体的教学实践中，"交流"（口语交际）和"表达"（习作）应该有相对的独立性，因为它们的特点不同，决定着教学方式和教学策略也就不一样了。接下来，我们将分别就"表达"与"交流"做一些探讨。

（二）有关"表达"上的困惑与建议

"阅读"和"表达"是语文教学的两大核心任务。不管是新课标还是2011年版课标都反复强调语文课程应引导学生多读书、多积累，重视语言文字的运用。"表达与交流"作为重要的语言实践活动，说它占据了语文教学的半壁江山一点都不为过。习作（写话）是小学生运用语言文字进行"表达与交流"的主要方式，是儿童认识世界、认识自我、进行创造性表述的过程，因此，它是小学语文教学核心中的核心。

说到习作，大家都清楚它不光是语文教学的重点问题，更是教师一直关注和研究的焦点、热点和难点问题。对习作教学的研究我们一直在路上，但习作教学始终是教师头疼、学生苦恼的事情。长期以来，习作教学"费时低效"，教师讲得费尽口舌，改得千辛万苦，学生的习作却写得平白无奇，干瘪乏味。习作教学这个老大难问题，始终困惑着我们一线教师。是什么造成习作教学"吃力不讨好"的尴尬局面？究其原因，主要是作为写作主体的学生始终处在被"绑架"状态，久而久之，其积极性和创造力就会消失殆尽。我们先来分析一下，造成学生被习作"绑架"的根源在哪里？

（1）习作目的的狭隘性

很多教师都感觉习作教学空耗了很多时间，却收不到理想的教学效果，几乎就放弃对作文教学的期望，但是为了应付考试，又不得不绷紧"习作教学"那根弦，于是就投机取巧，将作文教学的目标定位在应试上，考什么就教什么，怎么考就怎么练。于是，习作训练的形式得不到开发，只有各种命题作文的轮番轰炸，有的习作题目甚至年年重复练，让学生感到单调、机械、乏味。习作完全迷失了"表情达意"的本意。

（2）习作要求的偏离性

习作是一种高难度的创造性劳动，学生习作水平的提高不是一蹴而就的，而是需要一个循序渐进的过程，但教师往往忽视了学生的认知水平和年段特点，忽略了作文训练的进阶性，对学生的习作水平和要求没有做出合理的判断，甚至一味拔高，导致许多学生对作文产生了畏难情绪。

（3）习作指导的空洞性

在习作教学中，很多教师的指导往往是一成不变的，无非就是主题集中、条理清楚、内容具体等，几乎是用一样的方法来指导不同的学生，不能针对学生的问题给予切实的帮助，对学生习作没有产生实际性的指导作用。听完教师泛泛而谈的指导，许多学生仍然感觉无从下笔。

（4）习作范围的封闭性

谈到习作，小学生往往最头痛的就是"写什么"的问题。他们的目光往往只停留在学校与家庭之间，至于多彩的大自然、广阔的社会，他们极少去留意和关注。狭窄的空间、封闭的视野，让小学生的写作缺少了鲜活的素材，到真正提笔的时候，学生只能瞎编乱造地胡写一通了。于是，"巧妇难为无米之炊"的问题，一直困扰着广大的教师和学生。

（5）习作讲评的单一性

习作教学存在一个严重的弊病，那就是重作文指导轻作文讲评。教师在苦口婆心的习作指导课和大费周折的作文批改后，以为习作教学就功德完满了，最多就是再做一个简单的汇报性的总结。教师在习作教学中缺乏系统性、针对性的讲评，学生压根儿不知道自己存在的问题或者可以提升的空间在哪里，只是在作文本下发以后匆匆翻看一下分数和评语，就不了了之了，因此学生的习作能力难以得到有效的提升。

针对习作教学存在的以上弊病，我们可以做一些怎样的努力和尝试呢？下面谈谈我的一些思考和看法。

（1）激发兴趣，拒绝"强奉命"

"知之者不如好之者，好之者不如乐之者。"只有调动了学生的兴趣才有优质的教学。如果能把"要我写"变为"我要写"，那么作文教学就成功了一大半了。其实，学生都具有天然的写作欲望，但那是潜在的，需要经过教师的引导与激发才能变成现实的写作愿望，并转化为主动的写作行为。我们可以通过以下途径去激发学生的写作兴趣。

① 投其所好。

首先，我们要从写作内容入手。学生感兴趣的话题才能激发学生的表达欲望，才能使学生写出有个性、有活力、有灵性的文章。我们来看，同样是写一件事的文章，第一组题目：《难忘的一件事》《记成长中的一件事》《发生在身边的一件事》《令我感动的一件事》《我亲身经历的一件事》，第二组题目：《一件囧事》《一件"傻"事》《一件很酷的事》《一件绝妙的事》《一件令人胆战心惊的事》《一件我最得意的事》，我们不难发现，第二组题目更能激发学生的写作愿望，让他们有话可说，有话想讲。因此，在指导作文时，我们要引导学生选择自己感兴趣的事物或话题作为写作素材；在作文训练中，更要考虑儿童的特点与兴趣，让他们选择自己津津乐道的事物进行写作，如写《我做你猜》《鬼脸秀》等游戏作文，写《有趣的小实验》《那次玩得真高兴》等实践性作文，写《我是云司令》《假如我是动画人物》等自述体作文，写《假如我有一支马良神笔》《猪八戒减肥》等想象类作文，让"表达"成为学生快乐的分享。

② 寓教于乐。

在习作指导过程中，我们要创设各种情境，寓教于乐，让学生在轻松愉悦的氛围中学有所获。于永正老师上过这么一节作文课，上课的内容是歇后语编故事。在课堂上，于老师和学生共同编演歇后语：鸡给黄鼠狼拜年——自投罗网。师生打成一片，演得入情入景。在于老师的带动下，学生表演热情高涨，写作兴趣浓厚，学生编出的故事生动有趣，这节课收到良好的教学效果。三年级上册第一单元习作"猜猜他是谁"作文指导课，教师先带领学生玩猜谜游戏。教师出示各种动物谜语，学生很快猜到了谜底：羊、狗、蜗牛。

师：其实，除了动物谜语外，人物谜语也很有趣。你们还想猜猜人物谜语吗？

生：想！

师：老师今天专门创作了一个"人物谜语"，这个谜语的谜底就是我们班的一个同学。请同学们认真阅读和观察，看谁有一双慧眼，能发现谜语中写的是哪位同学，还要说说你是根据什么发现的。（投影出示教师为学生写的"人物谜语"下水文）

（在同学们猜出谜底后）

师：你们根据什么猜出是他的？

生：根据他的身材、长相、服装和兴趣爱好猜出来的。

师：你们真聪明！可见抓住这几个方面来写一个人就能把人给写活了，让人家一看就猜到是谁了。（板书：身材、长相、表情、穿戴、爱好）

就这样，在猜"人物谜语"的游戏中，学生轻松掌握了如何把一个人的特点写好。

③ 创设情境。

应用多媒体辅助习作教学是一种高效率的现代化教学手段，可以让学生在学习中始终保持兴奋、愉悦、渴求上进的心理状态，它对学生主体性的发挥、创新意识和探索精神的培养有着事半功倍之效。例如，四年级下册第四单元习作"我的动物朋友"，教师通过播放精心挑选的小视频，让学生感受各种高科技智能产品，那虚幻而真实的画面强烈地冲击着学生的感官，学生的想象空间被打开。信息认知渠道的多元化，解决了学生无话可说、无从下笔的大难题，而且大大提高了学生的写作兴趣。

新课标强调，"表达与交流"教学要贴近学生的生活实际，为学生自主写作提供有利条件和广阔空间，让学生善于发现、易于动笔，乐于表达，减少对学生写作的束缚，鼓励其自由表达和有创意地表达。苏霍姆林斯基也说过："孩子只有生活在游戏、童话、音乐、幻想和创造的世界里，他的精神生活才充实，才有价值。"我们要改变传统的"教师预设写作程序，学生奉命作文"的做法，努力创设轻松愉悦的习作环境，让学生在写一写、猜一猜、议一议、评一评、唱一唱、演一演等实践情境中，通过教师巧妙参与、相机诱导、灵活调控，使习作活动循序渐进，步步深入，渐入佳境。

（2）积累素材，摆脱"无米炊"

生活处处皆素材，身边时时有发现。广阔的生活空间蕴含着丰富的习作素材。我们要引领学生带着一双敏锐的眼睛去发现生活中的"真善美"，表达自己的"真性情"，让学生在发现美、传递美和创造美的过程中，陶冶性情，习得能力。

① 细心观察。

生活是创作之源，也是酝酿学生表达情感的一块沃土。细心观察生活要从身边的人事景物开始，我们要告诉学生生活中的许多现象、许多事情往往颇富深意和哲理，只要仔细观察、用心体悟、反复琢磨，便会发现它很值得我们去书写和赞颂。比如，面对中秋明月，苏轼写了"但愿人长久，千里共婵娟"的感慨。又如，朱自清看到父亲的背影，领会到父亲对儿子的真挚情感。作者的这些感悟都来源于他们对生活的细心观察。

② 用心体验。

小学各门学科都蕴藏着非常好的写作素材，我们要有全课程、学科融合的意识，有目的地引导学生去发掘和发现这些好素材。例如，科学课上各种有趣的发明与发现，体育课上每一次自我成长与超越，美术课上一次用心的创作过程……都是我们习作的好素材。从语文本学科出发，我们要把习作训练与学生的生活实践结合起来。为了让学生获得真实的生活体验，我们要有提前介入的意识，从拿到教材那一刻开始就要对全册习作教学"架梁立柱"，然后进行"内部装修"，搭建习作与生活之间的沟通桥梁。比如，四年级下册第四单元习作"我的动物朋友"，有些学生没养过动物，从无体验，何来真实的写作内容。于是我们学期伊始就要准备，与家长沟通，让学生养养小动物，并引导学生写观察日记。学生有了丰富的"实战体验"，作文课的"战役"必然打得"热血沸腾"。再如，六年级上册第二单元习作"多彩的活动"，我们特意在班上举行了"百发百中"游戏活动，学生一个个跃跃欲试，争先恐后地要上来一试身手——揣测、瞄准、挥拍、发球，努力让羽毛球穿过窄小的洞孔，学生或紧张，或激动，或惊叫，或叹息……在真切的体验中，学生情动而言发，教师再引导他们做到点面结合，把精彩的部分写生动具体，习作就不再是啃不下的硬骨头了。

③ 精心练就。

毫无疑问，留心观察生活是习作的第一步，也是积累素材的重要途径。但是，仅有观察是不够的，因为观察到的现象，严格来说还不能算是学生习作"素材库"里的素材。如何才能把观察到的现象内化为自己的习作素材？鼓励学生写日记、勤练笔，把耳闻目睹、亲身经历的事情记下来，天长日久，充足的习作"素材库"就建立起来了。而教师则要具备素材开发的意识和本领，通过开疆拓土、捕捉瞬间、借题发挥、主题开发等形式，帮助学生不断丰富习作"素材库"，让学生的日记和练笔能够有源源不断的鲜活素材，从而达到自主习作有趣、有法、有效的"三有"境界。

第一，开疆拓土。教师通过动手制作、听讲故事、手工绘画、游戏活动、角色表演、情境演绎、亲身体验等方式"开疆拓土"，让学生做做说说写写、听听说说写写、画画说说写写、玩玩说说写写、读读说说写写等，在兴趣盎然中，学生乐于动笔，易于动笔，一气呵成，一挥而就。

第二，捕捉瞬间。生活中总有很多不期而遇的事情，因突然而特别，因特别而来劲，一场突如其来的大雨，一束新鲜的阳光，一只误闯入教室的黄蜂，一次脸红耳赤的争吵，一回拳来脚往的打架，一个与众不同的笔盒，一身漂亮崭新的衣服……抓住学生的好奇心，情节正在发生，学生兴趣正浓，教师现场引导，开笔行文，用文字描绘经过，往往事半功倍。

第三，借题发挥。比如，看到扫把、地拖"损兵折将"，断头、折身、缺胳膊、少腿，以"扫把自述"为题，推导原因，勾勒经过，成文之中，也是成长之时，比大声疾呼"爱护公物"更具教育意义。校运会，教师可让学生给全体运动员写"战前动员书"，鼓励学生给自己最喜欢的"勇士""量身定做"一封激励信，那些热血沸腾的话语，就可能转化为顽强拼搏的"红色印记"，成为争金夺银的精神动力。对于学生乱扔垃圾、桌椅摆放杂乱等现象，教师拍照片，做PPT，让学生边看边想边说边写，学生笔下流淌的"真知灼见"，必然助长正气之风轻拂心灵，省去了唾沫横飞又"左耳进，右耳出"的无用之功。

第四，主题开发。围绕一个主题，全方位打造，写一系列作品。比如，校门口，用声音、动作、神态、接送工具、同学穿着……可以写出五花八门的短小文章。还有春天的花，夏天的天空，秋天的树，冬天的风，游乐场、公园、春节、儿童节……生活中隐藏太多宝藏，只要给学生人手一册"藏宝图"，学生必能找到"心中所爱"，写出"心中所想"。

我们脚踏实地，作文教学便有了根，根系发达，才能枝繁叶茂。我们"天女散花"般地喊"观察"，喊不出观察实质。我们须进行定向、定点、定时、定物的"精准扶贫"，才能让学生"成功脱贫"，走进作文"小康生活"。

不管是日记还是小练笔，我们都要实现训练常态化、随机化、生活化，创造性地整合材料，为学生打开素材的"潘多拉盒子"，让学生徜徉在文字世界里，感受到生活的真谛、写作的乐趣，实现自由倾吐、随心表达。

④ 留心积累。

习作是各种知识的综合运用，没有丰厚的知识，很难写出思想深刻、内容丰富、新颖别致的好作文来，所以我们要引导学生多读课外书籍，特别是那些名著，甚至自然科学知识也要了解一些。同时，我们应向学生推荐阅读一些报刊上的时文，这些文章最鲜活。学生的阅读应该是多方位的。通过多方位的阅读，学生从古今中外名著和大量诗文中汲取健康的思想，提升艺术品位，也积累了大量词汇和第二手作文材料；通过多方位的阅读，学生视野开阔了，知识丰富了，思维活跃了，再不会为"无米之炊"而苦恼。

（3）关注策略，甩掉"挤牙膏"

丰富的习作素材，为习作奠定了良好的基础，解决了"写什么"的问题，接下来"怎么写"呢？多少学生提笔半天，绞尽脑汁也挤不出一个字来。可见，考验习作能力的关键在于"怎么写"，就像烹饪菜式，有了优质的"原材料"还不行，如何烹饪更是有讲究、有技巧的功夫活儿，这就需要教师"八仙过海，各显神通"了。在这儿，我也来凑个热闹，说说有关习作指导的几个小策略。

① 善用支架。

小学语文统编版教材在习作板块的编排上独具匠心，为教师的"教"和学生的"学"提供了许多精心策划的策略支架。这些支架涉及构思、起草、修改、发表四个阶段，通过"嵌入式""刚需款""细致化"等形式安排在每一单元的习作板块，支架的类型主要有"问题支架""图例支架""表格支架""例文支架"和"建议支架"。例如，五年级上册第五单元习作"介绍一种事物"，教材通过"如果要选择一种你了解并感兴趣的事物介绍给别人，你打算介绍什么？下面表格中的提示和题目是否对你有启发？""想清楚从哪几方面来介绍。"等问题支架帮助学生厘清写作内容，打开写作思路；通过表格支架，为学生从"与动物有关""与植物有关""与物品有关""与美食有关""其他感兴趣的内容"五大方面列举了不同的事物，丰富学生的习作素材；还通过"建议支架"提醒学生相关的注意事项——"写的时候注意以下几点：写清楚事物的主要特点。试着用上恰当的说明方法。可以分段介绍事物的不同方面。"特别值得一提的是统编版教材的"例文支架"，它是习作单元的一大亮点，是以往教材所没有的，它安排在精读课文、"初试身手"之后，习作之前，在单元中承上启下，发挥着重要作用，无论是选材立意、谋篇布局，还是遣词造句等方面，均是学生学习写作的范本。因此，在习作指导过程中我们要认真解读教材，领会编者意图，充分发挥各支架在习作中的作用。

②巧绘导图。

学生习作令人不够满意，问题通常表现为：或行文偏离主题，或内容空洞无物、缺乏真情实感，或层次混乱不清、语言不够顺畅，等等。造成上述问题的原因是多方面的，其中最重要的一点就是写作思路没有打开。思维是习作的核心，我们要抓住思维的训练与发展这一关键，才能让学生的习作有思想、有条理、有深度、有广度。例如，在写《美丽的校园》时，我通过思维导图（图13）将材料选择、结构安排、描写手法等习作技巧一目了然地为学生呈现和讲解。特别是在材料的组织这一部分，我通过"移步换景"的方式，由"教学楼""花园""操场""其他"这些"母体"，派生出一系列相关联的"子代"，每一个小分支都是一个崭新的天地。至此，学生的习作思路和语言组织等不知不觉全部被盘活了。可见，运用思维导图，可以让我们的习作更具跳跃感和生命力。

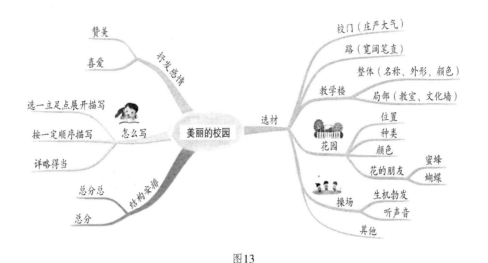

图13

③专项训练。

如果说平时的写日记、小练笔是写作"扎马步"的功夫，而专项训练则是"实战套路"，把写作的"十八般武艺"倾情传授。教学中，我们要根据学生的实际情况，有针对性地开展各种专项训练，如环境描写、人物刻画、说明方法、写作顺序、结构布局、开头结尾等的专项训练。就人物描写这一部分，我们又可以开展语言、动作、心理、外貌、神态等细节描写的专项训练。比如，写外貌，学生几乎千篇一律地用"有什么，有什么"或"什么的，什么的"，思路固化，句式固定。专项训练就是在给学生"解套"，引导学生抓特征，写特点，走出套路，实现个性化表达，写出具有"个性标签"的人物形象。再如，在进行人物语言描写训练时，我在教学中创设故事情境：今天早上，一缕调皮的阳光从窗户跳进我的房间……让学生写写《我与太阳的悄悄话》。在学生动笔写作之前，我结合"我与太阳说悄悄话"的不同情境和不同内容进行举例，从提示语+说话内容（牵羊式）、说话内容+提示语（推车式）、说话内容+提示语+说话内容（挑担式）、直接写说话内容（省略式）等几种形式落实人物对话的表现形式；同时，在实践中让学生习得人物对话描写的要点：①内容分段写；②提示语位置有变化（前、中、后），后面的标点也要做出相应的变化；③提示语前加修饰成分（写表情、写动作）。通过这样的专项训练，学生的习作技能落到了实处。

④读写结合。

叶圣陶说过，"文章就是例子"。教材中所选的课文，有的是名篇著作，文质兼美；有的则经过专家反复修改，语言文字规范，具有一定的代表性、典范性。学生每学过好的句子、段落或篇章，如果能及时运用，加以模仿，借以表达自己熟知的人、事物、景物或阐述自己的观点、感受，一定能取得积累语言、运用语言的良好成效。例如，教学《卢沟桥》课文时，我让学生用"有的……有的……有的……"句式写一段话。经过课堂上充分的练说，学生带着成功的喜悦，把这种句式扩展到了生活中的方方面面：课间活动的场面，元宵节上各色的灯笼，动物园里动物们的表演，春节联欢晚会上精彩的节目……

再如，学习《怒吼吧，黄河》这篇课文时，我用幻灯片出示文中的经典语句："他的声音时而铿锵有力，充满激情，如同喷薄而出的朝阳；时而低回婉转，无比哀伤，如同暴风雨中折翅的小鸟；时而行云流水，欢快流淌，如同黎明中穿过雾霭的林间小溪；时而气势雄伟，苍凉悲壮，如同那浊浪排空的怒吼中的黄河……"接着，让学生通过比较明白句子好在哪里。然后，我又引导学生进行仿写，试着用上排比、比喻等修辞手法把事物特点写具体。有个同学写了天上的云朵："天上的白云形态万千，变化多端，时而层层叠叠，如同一张张棉花床；时而飘飘洒洒，如同仙女散花；时而聚在一起，如同在说悄悄话；时而随风飘散，如同小伙伴们在玩游戏。"学生们还用这个句式描绘了山间的云雾、水中的鱼儿、林中的小鸟……这样，学生通过灵活运用，既学到了写法，又丰富了想象，创新了思维，收获真不少。

读写结合，是公认的建构学生"写作图式"的标准样板。日常阅读教学，我们要给读与写牵线搭桥，让读写成功牵手。比如，五年级上册第二单元《将相和》最后一段，没有语言描写，动作描写也极其简单，我让学生扩写，用语言、动作、神态、心理等描写细述廉颇"请罪"、蔺相如"迎接"、"将相和好"的过程；五年级上册第一单元《珍珠鸟》，我让学生以珍珠鸟爸爸妈妈的角度谈一谈对"信赖，往往创造出美好的境界"这句话的理解；五年级下册第五单元人物描写一组的《摔跤》，让学生写现场直播稿；五年级下册第六单元《田忌赛马》，创设"田忌赛马"新闻发布会情境；六年级上册第八单元《我的伯父鲁迅先生》中利用"饱经风霜"一词，引导学生想象车夫的脸色、脸型、眼神、皱纹等，体会车夫的艰难生活。教材中的许多内容都可以成为习作训练的写点。

课文学习之余，我利用一些时间，辟出一方读写结合的小园地，让学生在典范中学语言、用语言、建语言。沙沙沙的笔下声音，必是课堂美妙音乐。教阅读就是教写作，读写结合让学生有章可循、有法可依、有样可学、有发展区可抵达。

（4）优化讲评，避免"走过场"

好作文是改出来的，只有在教师的讲评和指导下，对文章的选材、中心的提炼、情感的表达、语言的运用等进行不断的修改和完善，一篇优秀的习作才得以精彩呈现。因此，教师的习作讲评比习作指导更为重要，教师不能只是单一地给学生的习作打上一个分数，或者笼统地套上"中心比较突出、结构比较完整、首尾能够呼应"几句评语就算了。一次习作教学，真正意义上的完成必须在作文讲评之后。教师通过讲评使学生明确认识到自己习作中的优缺点，然后对自己的习作进行修改，在反复的实践和修改中提高习作水平。因此，习作讲评课不能流于形式，一定要追求实效性。下面我和大家交流几种习作评讲方式。

① 个别讲评。

个别讲评，即面批，其好处是详尽细致，学生易于理解和接受，同时师生面对面交流，还可以帮助教师进一步了解学生情况，做到对症下药。个别讲评不仅有利于因材施教，而且能够增进师生间的情感。

② 典型讲评。

典型讲评，即选取一两篇习作作为典型案例进行分析、评述，启发全班学生把范例当作"镜子"，对照自己的习作进行审视、反思、探究。典型的习作案例，可以是上乘的、中等的，也可以是问题比较较多的，让学生从中甄别好坏，以便在习作修改中做到扬长避短。特别提醒教师注意的是，典型评讲时要以正面引导为主，以鼓励为主，就算指出问题，也要注意方式方法，选择委婉和学生乐于接受的方式，绝不能挫伤学生的习作积极性。

③ 重点讲评。

重点讲评，即集中对一两个重点问题进行专项评讲。根据习作要求，从学生的习作中找到带有普遍性的典型问题，结合有关写作技巧，提高到规律上来进行评讲，并有选择地找到高、中、低不同层次水平的习作作为评讲的例证。例如，五年级下册第二单元习作"写读后感"，学生普遍存在"读多感少"的问题，那么我们在讲评的时候就要抓住这个重点，引导学生结合作品以及生活实际写出自己的真情实感。再如，六年级下册第一单元习作"家乡的风俗"，很多学生在习作中没有做到详略得当，那么我们就要对这方面的知识和技能进行重点评讲。

④ 对比讲评。

选取不同作品比较着进行讲评，或相互比较，或自我比较（原稿与修改稿），或与范文比较，引导学生通过比较来分辨优劣，从中找到优化习作的途径。比较的内容和方式是多种多样的，有同主题不同内容的比较，同题目不同写法的比较，同内容不同体裁的比较，等等。

除了讲评外，教师还可以采用学生互评或自评的形式，具体做法是：教师先大致了解学生习作的整体情况，进行本次习作的优缺点分析，并结合两三篇文章与学生共同制定评价的标准；然后让学生进行习作评价，可互评，可自评，先找出优点，再找出缺点，为自己或他人的习作写上自己的评价和建议；最后，让学生根据评价修改自己的习作。习作教学不但要教会学生"写"，更要锻炼学生会"评"、会"改"，把"评"和"改"的权利交给他们，让学生主动去发现习作中存在的问题，会比教师评改效果更佳。

（5）创设平台，告别"被时代"

管建刚老师认为，发表，是言语学习"成功"教育，它给人以"高峰体验"，它会影响人的一生。学生的习作得到别人的认可和赞许，他就会源源不断地获得写作的动力和能量。所以，我们通过各种方式肯定学生的努力与付出。为学生发表他的作品，是对学生习作水平最高的肯定。我们要努力创造平台，为学生的习作发表服务，让学生始终保持旺盛的习作热情。其实对文章发表，我们可能都有认识误区，以为在报刊正式发表出来才算。当然，这是"原汁原味"的发表，但还有很多其他发表方式，如张贴、宣读、办报、结集成本传阅等，或在教室开发一块发表园地，把好句、好段、好文打印张贴，让学生欣赏，或是打印装订成本，放在图书角，供学生阅读，这些都是可行办法。有条件的话，办班级作文小报，效果就更好了。学生给点阳光就灿烂，作文给个平台就闪亮。创设展示平台的方法五花八门，需要教师精心去策划。一句话：用心来，必精彩！

（三）有关"交流"的几个误区及应对策略

新课标提出"交流"这一要求，根据它的目标、定位，在语文教学实践活动中，我们可以把它等同于"口语交际"教学，它是为全面提升学生语文素养而独立设置的一个教学实践板块。统编版小学语文全套教材共编排了47次口语交际，每册都有安排3~4次口语交际训练。可见，"口语交际"在语文教学中的重要地位。但是，受传统"应试教育"的影响，很多教师认为"口语交际"能力难以在纸笔考试中进行测评，滋生了"怎么考就怎么教，不考就不教"的应付态度，对口语交际教学缺乏重视，更缺乏系统的实践研究，从而导致口语交际教学普遍存在以下几个误区。

（1）目标定位存在偏差

教师普遍认为"口语交际"课，只要学生在进行口头表达，只要学生在听、在说，他们的口语交际能力就在发展，甚至把口语交际课上成了口头作文课。实际上，"听到"和"说出"的信息都是单向性的，没有交流，没有互动，自然没有真正意义上的"交际"了。例如，在三年级上册口语交际"名字里的故事"的课堂上，学生——上来讲述自己名字里的故事，大家只关注谁说得好，却忽略了讲述者的语言是否得体，行为是否大方，交际的效果及交际的意图是否达成。这样的"听说"课堂，教学目标存在偏差，没有把握住口语交际教学的"交际性"，忽略了口语交际是沟通信息、沟通思想、沟通情感、理解世界的重要途径，学生的交流能力自然没有得到有效的锻炼。

（2）教学方法机械单一

小学语文部编版教材每一个"口语交际"的编排，都将交际内容、交际方法等通过插图、泡泡、小贴士等支架形式呈现给大家，给教师的教学提供了很好的借鉴。只是，很多教师过分依赖这些提示，习惯了"拿来主义"，总喜欢在第一个交际情境中就将教材中提示的交际策略，通过自己的讲解、分析直接塞给学生，接着让学生在其他的情境中练习这些策略，并反复跟学生强调相关的注意事项。这种"先教后学"的模式化教学，几乎贯穿于每一次的口语交际教学。学生对这种机械重复的教学模式，慢慢变得麻木起来，对"交际"的兴趣也就提不起来了。

（3）交际实践空间狭窄

口语交际是一项"实践性"非常强的教学活动，仅仅依靠课堂上教师讲授方法、点拨技巧是远远不够的，必须有大量的课上、课下，学习上、生活中的口语交际实践做支撑。可是，专门的口语交际课每个学期屈指可数，对于全班几十个学生来说，训练的机会是很少的，学生的口头表达能力及交际能力得不到锻炼，教学效果也就不言而喻了。

针对这些误区，我们必须直面问题，把握口语交际教学的本质、规律，寻求教学的有效策略，努力走出口语交际教学的误区。因此，我们要做到以下几点。

（1）明确"交流"目标

新课标在"表达与交流"的学段要求中明确指出："与他人交谈，态度自然大方，有礼貌，积极参加讨论，敢于发表自己的意见；根据不同的场合，尝试运用合适的音量与语气与他人交流……"可见，新课标特别强调"交流"中的"交际性"，注重人际沟通、社会交往及合作精神。因此，在确定口语交际教学目标时，我们要把"倾听、表达、交流、应对"这些关键要素作为目标制定的出发点和着力点。例如，在三年级上册口语交际"名字里的故事"教学中，我们不光要求学生能清楚地讲述名字里蕴含的意义及名字里藏着的故事，还要求学生听别人讲话的时候，能有礼貌地回应，并就感兴趣的话题与人展开交流讨论，养成良好的倾听习惯及交际素养。在教学过程中，我们还通过"猜一猜""议一议"的活动方式激发学生表达欲望，培养其合作精神。整节课的教学活动及教学策略其实都指向这节课的"交流"目标：①能了解自己或者他人名字的含义或来历，向别人讲清楚；②听别人讲话的时候，能礼貌地回应；③发扬合作精神，做到有序讨论并汇报；④能向家人讲述同学名字里那些新鲜事儿。

（2）优化"交流"策略

荣维东老师曾指出：语言学习的目的不在于语言符号和意义的机械识记，而在于通过语境学习语言，获得真实的语言运用能力。作为一种交流方式，"口语交际"集"口语"与"交际"于一体，实践性就更为重要了。因此，提高"交流"能力，实践是最直接、最有效的途径。我们可以通过唤醒需求、正确引领、迁移运用、科学评价等策略，引导学生在实践中习得和提升"交流"能力。

① 唤醒需求。

真实的交际情境能唤醒学生的交际需求，并能勾连起他们真实的生活体验，让学生情不自禁地进入交际场。例如，一年级下册口语交际课"打电话"。教学伊始，教师先带领学生玩"最强大脑"游戏，让学生快速记住屏幕上闪过的"森林王国"的小动物们。记得最多的那个学生，荣获"最强大脑"奖，教师在全班学生面前为他颁发小奖状。就在学生沉浸在游戏的快乐之中时，教师建议大家把这种快乐分享出去，并相机采访获奖的同学：如果让你打个电话跟别人分享一下你此刻的心情，你会打给谁？要不，我们现在就打一个？接着，教师扮演那个接电话的人，继续下面有趣的"交流"……教学中，教师根据学生乐于分享的心理，创设真实的交际情境，唤醒学生的交际需求，让学生乐于交流。

② 正确引领。

口语交际，固然离不开口头表达能力的训练，但是绝不是训练学生运用"口语"完成生活情境的简单再现，而是要引领学生把握隐藏在"口语"背后的有关"交际"的意识和规矩。继续以"打电话"为例，在唤醒学生"交流"需求后，课堂活动的主体部分不应该是模拟打电话，而应该是引导学生发现打电话过程中的典型问题，并归结出打电话的一般性原则，如给别人打电话的时候应该注意说话的态度和语气，要使用礼貌用语，应该先介绍自己是谁，而不应该先问别人是谁；休息时间或别人不方便的时候不应该打电话……总之，"打电话"这一主题的口语交际教学，重点不在于"打电话"的模拟现场，而在于"打电话"背后的交际规则。教师拿捏好教学的关键点，才能引领学生将"交际"落到实处。

③ 迁移运用。

学生"口语交际"能力的习得，不是靠教师讲解和传授的，而是在实践中练就的。二年级上册口语交际"商量"一课，旨在引导学生知道商量是生活的一项技能，要做个敢商量、会商量的人。在商量时要做到说话"客客气气",把话说得"清清楚楚"。可是商量的语气如何拿捏？如何把自己的想法说清楚？如何说到别人认同自己的想法？这些不是教师教出来的，而是学生在实践中悟出来的。教学时，教师要通过创设真实的交际情境，让学生体会在不同的情境中，面对不同的角色、不同的状况，甚至遇到意见不统一的困难时，应该如何应对和处理。首先，教师可引导学生进行一次辨析实践，帮助学生明确：遇事找别人商量时，态度和说话一定要客客气气，还要把自己的理由、想法等说得清清楚楚，说到别人的心里去，这样别人才能认同你的想法，达到理想的商量结果。随后，教师让学生在不同的交际情境中进行练习，感受不同角色对不同事件的不同反应，在迁移运用、具身体验中，加深认识，提升交际能力。

④科学评价。

对于"口语交际"的课堂评价，我们不能停留在"说得好""听得很认真"这个语言学习的水平，还要关注学生的"交际"能力的发展，关注实际的交际效果怎么样，关注是否实现了交际的意图，关注在具体的语境中，语言是否得体、行为是否得体。所以，口语交际的评价，既要评价听说的内容、评价学生听说能力的发展，也要评价交际时的行为和态度。例如，有的孩子能言善辩，但是说话态度非常傲慢，一副咄咄逼人的样子，这就不是一种得体的交际。其实，在待人接物、言行举止等生活交际中，尊重他人观点、真诚的态度、恰当的语气等是必须具备的个人修养，我们更应该把它们用在口语交际的衡量尺度中。我们通过评价，引导学生学会礼貌、学会尊重、学会理解、学会包容，成为讲文明、有素养的时代好少年。另外，我们在评价时要关注全体，尽量避免"看谁说得最好？"这样的话语，这样会导致许多学生退而避之，望而生畏，打击很多学生的自信心。我们可以用"看看你能不能说得比之前更好？"鼓励孩子一次次地自我提升。总之，我们的评价要关注全体，让更多的学生得到锻炼的机会。

（3）拓宽交流渠道

有限的口语交际课，有限的交际机会，束缚了学生"交流"能力的发展与提升，如何拓宽交流的时间和空间呢？我们应该尝试把口语交际因素渗透到语文教学的方方面面。其方法如下：

① 关联课文。

语文教材的单元课文跟口语交际内容往往是密切关联的，我们可以在阅读教学过程中，适时恰当地引入口语交际训练，达成双赢的良好局面。例如，五年级下册第七单元的口语交际是"我是小小讲解员"，单元的选文有《威尼斯的小艇》《牧场之国》《金字塔》。结合本单元的口语交际任务，我们可以采取分散式的口语交际训练，以本单元三篇课文作为书面讲解的范本，让学生就文章内容来当讲解员，带领同学们领略异国风情。这样既加深了学生对课文内容的理解，又为学生争取了更多交流的训练机会，促进了深度学习的开展。

② 代入角色。

语文教材中有很多故事性比较强的文章，里面的人物刻画非常鲜明，教师通过"模拟情境、代入角色"的形式让学生进行口语与交际的训练，是一个很好的策略。可以是一般性的角色扮演，也可以让学生编排课本剧，在全班同学面前"闪亮登场"。别小看这小小的课本剧，从表演前的商量剧本、角色分工、道具准备，到表演时的舞台布置、主持介绍、安排出场，再到表演后演员们真诚的谢幕、观众自发的掌声，等等，都是一个个极好的"交际场"，能够全方位地提升学生的交流能力。

③ 延续活动。

教材中某些口语交际话题，适合设计成长期的口语交际活动，延续一两个星期、一个月，甚至更长的时间，以便在活动中提升学生的核心素养。例如，三年级下册第八单元的"趣味故事会"，四年级上册第八单元"讲历史人物故事"，四年级下册第四单元的"小小新闻发布会"，五年级上册第三单元的"讲民间故事"，等等都可以设计成为长时间持续的口语交际活动。这样，在较长时间进行一个主题交流，既为学生争取到了更多的锻炼机会，又能让教师充分关注每一个学生的学习与进步。

④搭建平台。

口语交际是生活的重要组成部分。"生活即学习"，如果能让学生的学习跟日常生活联系起来，无疑是最理想的学习状态。我们可以开展一些常规性的口语交际活动，为学生搭建更广阔的展示平台，让学习随时发生。例如，我们每天利用3分钟举行"班级发布会"活动，让学生轮流当众发言，并解答同学提出的问题。"班级发布会"的内容可以是学校里的好人好事、生活中的奇闻乐事、社会中的新闻热点、国际中的时事大事等。再如，针对某个时间节点或主题开展相关交流活动，如举行"六一联欢会"，假期回来后交流假日见闻，开展读书交流活动，等等，教师放手让学生去组织和策划，并有针对性地进行指导。此外，口语交际活动还可以整合于识字写字、梳理与探究等语文实践活动的各个板块之中，以为学生提供广阔的交际平台，让学生"在生活中学习，在学习中生活"，使其综合能力得到不断的提升。

总之，口语交际是生活和学习的必备能力，是语文课程的重要内容，教师开展口语交际教学要树立"学生生活的空间有多大，口语交际学习的空间就有多大"的意识，全方位、多途径地引导学生实践，实践，再实践，在不断的实践中引领学生体会交流的愉悦、交际的智慧。

四、成于整合——梳理与探究教学

（一）新课标对"梳理与探究"的学段要求

新课标非常强调语文课程"综合性与实践性"这一特征，在2011年版课程标准"综合性学习"的基础上进行优化和完善，推出了"梳理与探究"实践活动板块。"梳理与探究"与核心素养紧密相连，为落实语文课程总目标而设定。

　　与2011年版课标的"综合性学习"对比，在第一学段，两者在要求上没有太多的不同，"梳理与探究"特别增加了关于汉字这一载体的要求，从中可以看出新课标对中国语言文字这一优秀传统文化的重视程度；在第二学段，两者的变化基本与第一学段保持一致，"梳理与探究"在"综合性学习"原有的基础上增加了"尝试分类整理学过的字词。尝试发现所学汉字形、音、义和书写的特点，帮助自己识字、写字""尝试用表格、图像、音频等多种媒介，呈现自己的观察与探究所得"这两部分内容，再次看出新课标对"汉字"的重视，同时强调了新时代对"新技能"的诉求；在第三学段，新课标完全接受了2011年版课程标准的四条要求，在此基础上，增加了"字词"和"思维能力"方面的要求，具体体现为"分类整理学过的字词，发现所学汉字形、音、义和书写的特点，发展独立识字能力和写字能力"，进一步强调了"字词"的重要性。

　　我们再来看新课标"梳理与探究"三个学段要求的纵向对比。（表6）

　　先看"字词"方面，第一学段只要求进行"观察字形，体会汉字部件之间的关系，梳理学过的字，感知汉字与生活的联系"；第二学段要求"尝试分类整理学过的字词。尝试发现所学汉字形、音、义和书写的特点，帮助自己识字、写字"；到了第三学段，要求变为"分类整理学过的字词，发现所学汉字形、音、义和书写的特点，发展独立识字能力和写字能力"。

　　接着看"实践性学习"方面，从第一学段的"热心参加"，到第二学段的"学习组织"，再到第三学段的独立"策划"，学生由被动到主动，实践的程度越来越高。

　　然后看"学习方式"方面，从第一学段"结合语文学习，用口头或图文等方式整理、表达自己在活动中的见闻和想法"，到第二学段"运用书面或口头方式，并可尝试用表格、图像、音频等多种媒介，呈现自己的观察与探究所得"，再到第三学段"感受不同媒介的表达效果，学习跨媒介阅读与运用，初步运用多种方法整理和呈现信息"，学习方式越来越多样化。

最后看"提出问题及解决问题"方面，从第一学段要求"能就感兴趣的内容提出问题……尝试提出自己的看法"，到第二学段要求"能提出学习和生活中的问题……尝试运用语文并结合其他学科知识解决问题"，再到第三学段要求"解决与学习和生活相关的问题。尝试写简单的研究报告。对自己身边的、大家共同关注的问题，或影视作品中的故事和形象，通过调查访问、讨论演讲等方式，开展专题探究活动，学习辨别是非、善恶、美丑"，要求的程度是越来越高的。

通过对比，我们发现三个学段的"梳理与探究"都很注重字词的整理，注重学习的实践性，注重学生观察、发现、思考、探究、提出问题、解决问题等能力的培养。同时，三个学段学习的方式方法和难易程度是循序渐进的，体现了学段要求的进阶性。

表6

学段	梳理与探究
第一学段	1. 观察字形，体会汉字部件之间的关系。梳理学过的字，感知汉字与生活的联系。 2. 观察大自然，热心参加校园、社区活动，积累活动体验。结合语文学习，用口头或图文等方式整理、表达自己在活动中的见闻和想法。 3. 对周围事物有好奇心，能就感兴趣的内容提出问题，结合其他学科的学习和生活经验交流讨论，尝试提出自己的看法
第二学段	1. 尝试分类整理学过的字词。尝试发现所学汉字形、音、义和书写的特点，帮助自己识字、写字。 2. 学习组织有趣味的语文实践活动，在活动中学习语文，学会合作。结合语文学习，观察大自然，观察社会，积极思考，运用书面或口头方式，并可尝试用表格、图像、音频等多种媒介，呈现自己的观察与探究所得。 3. 能提出学习和生活中的问题，有目的地搜集资料，共同讨论，尝试运用语文并结合其他学科知识解决问题

学段	梳理与探究
第三学段	1. 分类整理学过的字词，发现所学汉字形、音、义和书写的特点，发展独立识字能力和写字能力。 2. 感受不同媒介的表达效果，学习跨媒介阅读与运用，初步运用多种方法整理和呈现信息。 3. 初步了解查找资料、运用资料的基本方法。利用图书馆、网络等渠道获取资料，解决与学习和生活相关的问题。尝试写简单的研究报告。 4. 策划简单的校园活动和社会活动，对所策划的主题进行讨论和分析，学写活动计划和活动总结。对自己身边的、大家共同关注的问题，或影视作品中的故事和形象，通过调查访问、讨论演讲等方式，开展专题探究活动，学习辨别是非、善恶、美丑

（二）"梳理与探究"在教学实践中的重要作用

"梳理与探究"在新课标中被隆重推出，可以看出它已经从个性化的教学策略变成了培育语文核心素养的重要抓手。它集知识性、组装性、系列性、合作性、探究性、融合性众多特点于一身，在教学实践中发挥着重要的作用。

1. 有利于问题意识的培养

"梳理与探究"打破了长期以来形成的"以本为本"的封闭的教学模式，便于打通知识与知识、学科与学科、学科与生活之间的联系，利于学生拓宽视野、亲近自然、走向社会，为学生打开了观察和思考的窗户。在积极观察、感知生活的同时，学生的好奇心和求知欲必然受到不断的激发，进而其提出问题、解决问题的能力也得到了持续的提升，如新课标提出的"观察字形、观察大自然、对周围事物有好奇心""观察大自然，观察社会""体会汉字部件之间的关系""发现所学汉字形、音、义和书写的特点""感受不同媒介的表达效果"等。问题意识是"梳理与探究"的助推器，围绕某个驱动性问题再形成若干问题链，让"梳理与探究"的深度和广度得以不断拓展。

2. 有利于学科知识的整合

语文涉及的知识方方面面，是一门综合性非常强的课程。正是它的包罗万象导致其知识庞杂零散，缺乏序列性和系统性，亟待统一规划、系统整合。整理是"梳理与探究"的基本功，整理的过程就是有目的地对语言经验进行积累、归类、整合、梳理的学习过程，它让所学知识得到及时的系统性的复习与巩固，使学生的听、说、读、写、书等语文能力得到了整体发展，对学生分析、比较、概括、判断、评价等思维方式也是极好的锻炼。

3. 有利于学习方式的优化

"梳理与探究"的学习方式，跟传统的"被动式"学习大不相同，"梳理与探究"特别强调自主、合作、探究式学习，注重学生策划、组织、协调和实施能力的培养。在师生共同参与的学习活动中，师生之间、生生之间、师生与社会人员之间建立了良好的关系，培养了学生的参与精神、合作精神与创新精神。新课标在"梳理与探究"的"创意表达"方面，还特别提出"用书面或口头方式，并可尝试用表格、图像、音频等多种媒介，呈现自己的观察与探究所得""写简单的研究报告"，为学生的创新学习方式提出了明确的方向和要求，为学生积极构建信息技术下的网络平台，拓展了学生学习和创造的空间。

4. 有利于学科之间的融合

运用语文和其他学科知识、联系生活经验，开展专题探究活动是"梳理与探究"的重要形式，包括参与、组织、策划语文实践活动、校园活动、社会活动等。活动的过程，就是在真实情境中解决问题，运用语言、发展思维、提高审美的过程。新课标也用了不少的篇幅对"跨学科学习"进行了具体的阐述："能就感兴趣的内容提出问题，结合其他学科的学习和生活经验交流讨论""尝试运用语文并结合其他学科知识解决问题""学习跨媒介阅读与运用，初步运用多种方法整理和呈现信息"。这些都为"跨学科融合"学习理念在"梳理与探究"中践行指明了方向和方法。因此，我们在教学实践中，要深入探究学科内容、学科教法、学科学法、学科资源的融合，在学习中实现融会贯通，达成语文学科工具性与人文性的高度统一。

（三）"梳理与探究"教学的实施路径

"梳理与探究"的综合性、系统性、开放性、探究性的特点，决定了它需要打破教学常规，走出教室，走出校园，走向更广阔的学习天地，教学方式、方法也从单一走向多元。但是，无论学习的时空、学习的方式、学习的内容如何改变，万变不离其宗，即"梳理与探究"教学的基本思路与路径都遵循着一定的规律和原则。以五年级下册综合性学习《遨游汉字王国》为例，谈谈"梳理与探究"教学的实施路径。

《遨游汉字王国》由"汉字真有趣"和"我爱你，汉字"两大板块组成，以"感受汉字的趣味，了解汉字文化""学习搜集资料的基本方法""学写简单的研究报告"三大任务驱动单元整体学习。基于"梳理与探究"目标要求及教材编排特点，我们制定了本单元学习目标：开展"梳理与探究"学习活动，感受汉字的有趣和神奇，了解汉字的特点及文化，并为汉字的规范和使用做些力所能及的事。围绕这一学习目标，我们通过相关材料的阅读、搜集、整理，以及一系列展示交流活动来落实本单元的学习。具体的实践活动有以下几个环节。

1. 聚焦任务，提供支架

开课之始，教师激趣导图：汉字，是中华民族的文化瑰宝，在烟波浩渺的岁月长河中书写着中华民族的璀璨历史。从今天开始，让我们一起开启一场快乐的"文化之旅"。

教师接着跟学生一起商议，共同拟定本单元学习的任务清单，并以表格的形式呈现研究阶段、研究板块、研究内容、研究时间、人员分工等任务要素，借助"表格支架"确保研究活动有序、有法、有理、有据地展开。

《遨游汉字王国》实践活动任务清单

学习内容：遨游汉字王国。

学习目标：开展综合性学习，感受汉字的有趣和神奇，了解汉字文化，并为汉字的规范和使用做些力所能及的事情。

研究阶段	研究目标	研究内容		研究时间	活动建议
策划	激发学习兴趣	确定活动主题			
		明确活动任务			
		制订活动计划			
实施	体验学习乐趣	板块一：汉字真有趣	奇妙的字谜		
			有趣的谐音		
			汉字的故事		
			神奇的汉字		
		板块二：我爱你，汉字	汉字的演变		
			优美的汉字		
			用字的规范		
			有关的调查		
展示	展示学习成果	1.书法作品			
		2.汉字小报			
		3.研究报告			
评估	反思学习收获	活动评估表			
		学习总结			

2. 明确分工，自主探究

在任务清单的指引下，各个小组结合活动建议进行人员分工，制订具体的活动计划。然后小组成员分工合作、各尽其能，搜集、整理资料，完成计划中的学习任务。就拿"汉字真有趣"这个板块来说，组员们可以做以下的分工（表7），在探究中感受汉字之"趣"。

表7

第（　　）组		
活动内容（板块）	汉字真有趣	
活动任务	活动时间	负责人	汇报形式
搜集字谜			
有关汉字的古诗			
有关汉字的对联			
汉字的故事			
汉字的笑话			
搜集汉字"之最"			

　　"我爱你，汉字"这一板块亦然，教师引导学生以同样的方法策划小组的研究计划，以"了解汉字的历史""欣赏汉字的优美""重视用字的规范"几个活动任务为抓手，引领学生感受汉字之"情"。

3. 多元互动，众行致远

　　在自主探究的过程中，学生会发现许多有趣的事情，产生许多有价值的问题，进而把各自的所见、所闻、所感、所思汇集起来，通过线上、线下等沟通途径，在小组内交流、探讨，集思广益，找到发现的亮点或问题解决的办法，然后不断拓宽研究思路和创新研究方式，发展研究的深度和广度，为各个小组在班级上的汇报、总结做好充分的准备。在学生的思想碰撞中，我们可以看到学生所创造的无限可能。例如，在"用字规范"环节的合作学习中，学生通过充分的自主探究、互动合作，不仅多方位摸查了"滥用、误用"语言文字的情况，而且就存在的问题进行了深入的分析、研究，找到问题产生的根源，并用实际行动去引导广大群众规范用字、文明用语。一份份《规范用字倡议书》更是见证了学生的行动与思考。这种走出课堂、走向社会，在提出问题、分析问题、解决问题的过程中学习知识、习得能力的探究性活动，让学生的学习之路走得更宽，走得更远。

4. 交流展示，总结反思

交流展示，总结反思，即各个小组汇报学习成果、评估活动收获。学习成果的展示方式，各个小组自己选择，可以是书面的形式，可以是表演的形式，可以是活动的形式，也可以是多媒体的形式。例如，有的小组策划了"猜字谜大赛"，有的小组开办了"脱口秀"笑话专场，有的小组制作了"字谜展板"，有的小组展示了赏心悦目的书法作品，有的小组以故事接龙的形式阐述了汉字的由来。总之，围绕"汉字"主题让学生尽情发挥无限的创意。需要注意的是，这一环节不能只停留在成果、报告上，一定要引导学生反思学习过程，全面总结得失。例如，活动评估表的收集与总结，根据各个活动环节的任务落实情况，对学生个体进行相应的星级评价，评价包括自我评价、家长评价、小组评价、班级评价，而评价既要关注结果性评价，更要注重过程性评价和表现性评价，在评价中总结得失，以便学生在后续的学习中有更好的表现。

"梳理与探究"完全不限于教材内容，它是一个很广阔的学习领域，从课内到课外，从学习到生活，从语文学科到其他学科，都值得我们去"梳理与探究"。我们要帮助学生建立"大语文"学习观，处处留心，挖掘有价值的学习内容，在学习中重综合运用、重实践体验、重自主探究、重合作交流，体验"梳理与探究"学习带给我们的无穷力量。

第四章

主题统整，让学习迈出稳健的步伐

在上一章的交流中，我们分别就"识字与写字""阅读与鉴赏""表达与交流""梳理与探究"四个语文实践活动进行了独立的探讨，为的是深入了解各个实践活动的教学目标、教学内容、教学策略等，以便在教学实践中有侧重点、有针对性地精准教学，步步为营，夯实语文听、说、读、写、书等"看家本领"。然而，我们必须认识到，这些"看家本领"严格来说只停留在语文知识和语文技能的层面，如果学生只有这些去情境化、碎片化、彼此孤立的知识和技能，而没有语言运用的能力及语言实践的智慧，是无法实现语文课堂所学向语言生活所用的迁移的。

因此，"识字与写字""阅读与鉴赏""表达与交流""梳理与探究"等学习板块不能割裂、线性发展，而要在相辅相成、彼此促进中全面、整体推进，更要在语文实践与真实生活之间搭建沟通的桥梁，激发学生学习的兴趣和探索的热情，让语文教学更好地帮助学生解决生活中的真实问题，培养适应时代发展的素养型人才。在这样一个背景下，《义务教育课程方案和课程标准（2022年版）》提出了要聚焦核心素养，加强课程内容与学生经验、社会生活的联系，强化学科内知识整合，优化课程内容结构，增强内容与育人目标的联系。

随着课程目标的变化，新课标在课程内容上也做出了突破性、创造性的改变，从"主题与载体形式""内容组织与呈现方式"两个方面，以六个不同的"学习任务群"赋予了小学语文名副其实的"课程内容"。我们要紧跟时代发展和教育教改的方向和步伐，让教学活动的每一步都迈得坚定而稳健。

一、知其然——学习任务群的课标解读

关于"学习任务群"，新课标是这样表述的：义务教育语文课程内容主要以学习任务群组织与呈现。设计语文学习任务时，要围绕特定的学习主题，确定具有内在逻辑关联的语文实践活动。语文学习任务群由相互关联的系列学习任务组成，共同指向学生的核心素养发展，具有情境性、实践性、综合性。

结合这段表述，我们可以把"学习任务群"拆分成"学习""任务""群"三个关键词来理解：

第一个词，"学习"。"学习任务群"强调的是"学习"行为，而非"教学"行为。可以看出，这里非常注重学习的主体，教师在教学中要把学生放在主要位置，以学生的"学"推动学习活动的开展。学生才是学习过程中最重要的角色，学习动机的产生、学习任务的完成、学习活动的参与、学习成果的获得，都以学生为主体，所有的学习活动最终都指向学生的核心素养发展。

第二个词，"任务"。"学习任务群"围绕特定的主题进行任务设计，让学生在任务的驱动下，进行相关的语文实践活动。这些活动不是孤立和分割的，而是彼此关联、相互作用、为达成任务服务的。"任务"，既是课程内容也是学习路径。

第三个词，"群"。根据学习内容不同的侧重点，"学习任务群"分为"语言文字积累与梳理""实用性阅读与交流""文学阅读与创意表

达""思辨性阅读与表达""整本书阅读""跨学科学习"六个"群"。
根据课程内容整合程度，六个学习任务群可分为三个不同的层面：基础
型学习任务群、发展型学习任务群、拓展型学习任务群。（图1）

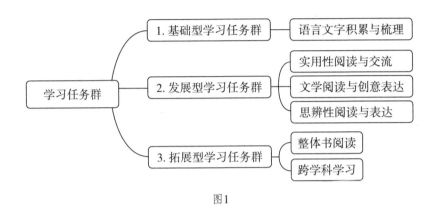

图1

我们再来梳理一下，新课标对每个学习任务群都分三部分做了阐
述，这三部分内容为：定位和功能概述、学习内容及教学提示。

1. 关于定位和功能概述

每个学习任务群的第一段话都是对这一学习任务群的定位和功能
的概述。例如，拓展型学习任务群"整本书阅读"的第一段话：本学习
任务群旨在引导学生在语文实践活动中，根据阅读目的和兴趣选择合适
的图书，制订阅读计划，综合运用多种方法阅读整本书；借助多种方式
分享阅读心得，交流研讨阅读中的问题，积累整本书阅读经验，养成良
好阅读习惯，提高整体认知能力，丰富精神世界。"旨在"一词，明确
了这段话的概述性质，概括性地指出了这一学习任务群的课程目标、任
务、建构方向、实施路径等。

2. 关于"学习内容"

每个学习任务群的"学习内容"都是分学段描述的。我们细读学
习内容描述就会发现，学习内容主要指明的是"学什么"，有时也包含
"用什么学"。例如，"思辨性阅读与表达"学习任务群第二学段第2

条说："阅读解决生活问题的故事，尤其是中华智慧故事，结合自己在生活中遇到的问题学习思考的方法，尝试运用列提纲、画思维导图等方式，表达故事中的道理。"这里很明确地指出要阅读的内容是"解决生活问题的故事，尤其是中华智慧故事"。其中也指出了"用什么学"，如"运用列提纲、画思维导图等方式"。

3. 关于"教学提示"

每个学习任务群的"教学提示"没有分学段表述，采取的是一体化表述的方式，其主要围绕教师如何精心设计主题任务，学生如何有计划地完成学习任务来展开阐述。具体来讲，"教学提示"主要包括三个方面的提示：方法提示、目标提示和评价提示。

（1）方法提示

方法提示主要是操作方法和策略的提示，如教师应紧扣"实用性"特点，结合日常生活的真实情境进行教学。第一、第二学段可以围绕"我爱我家""我爱上学""文明的公共生活"等主题设计学习任务，引导学生学习日常生活语言，学会文明交往，学习表达生活；第三、第四学段可以围绕"拥抱大千世界""创造美好生活""科学家的故事""数字时代的生活""家乡文化探究"等主题，开展阅读与探究活动，引导学生关注社会，表达和交流自己在生活中的发现和感受。这是"实用性阅读与交流"学习任务群"教学提示"中的第一段话，其中的"结合""围绕""设计""引导"等关键词明确指出了教学方法和策略。

（2）目标提示

目标提示主要是提示教师针对具体学习内容实现什么样的学习目标，大多是整体性表述，也有按学段特点和学生实际，针对具体的学习内容进行适切定位的。例如，"语言文字积累与梳理"学习任务群"教学提示"第2条就明确指出一年级两学期在识字写字上的目标要求：一年级第一、第二学期会认的字大致安排250个和350个，其中二分之一的字会写。教师应让学生先认先写《识字、写字教学基本字表》中的字，充分发挥这些字构形简单、重现率高、组字构词能力强的特点，让学生打好基础，并能够举一反三。教师应重视学生的写字姿势，引导学生掌握基本的书写技能，养成良好的书写习惯。

（3）评价提示

评价提示在每个学习任务群的最后一条单独提出，主要是提示评价的内容以及如何发挥评价对学生学习的导向价值。例如，"整本书阅读"学习任务群的评价提示：注意考查学生阅读整本书的全过程，以学生的阅读态度、阅读方法和读书笔记等为依据进行评价。教师可以围绕读书的主要环节编制评价量表，制作阅读反思单，引导学生从阅读方法、阅读习惯等方面进行自我反思、自我改进。第一句提示了评价的内容，第二句提示了评价的导向目的。

通过对新课标"学习任务群"有关内容的梳理不难发现，各个"学习任务群"的目标、任务、策略等侧重点各有不同，即使同一个"学习任务群"的学习内容在不同的学段也有不同的侧重。但是，各个学习任务群并不是孤立、割裂地存在的，如"实用性阅读与交流"会涉及"语言文字梳理与积累"，"整本书阅读""跨学科学习"也会涉及前两个层级的学习内容，而"思辨性阅读与表达"在每一个学习任务群都是有所体现的。因而，各个学习任务群是相辅相成、相互促进的，它们共同指向"促进学生的深度学习""发展学科核心素养"。

二、悟其道——学习任务群的操作要领

"学习任务群"改变了过去知识、技能教学的不良倾向，实现了语文课程内容的统整，具有鲜明的情境性、整合性和实践性等特征。六大学习任务群分属不同的内容领域，因而侧重点和学习规律也不尽相同，教师要明确各个任务群的定位和功能，对其所涉及的知识点、技能点、活动点做出整体筹划。如何正确开启"学习任务群"的运行模式？下面以统编版教材单元整体教学为例，跟大家分享一下笔者的一些思考与尝试。

（一）以"主题统整"为基础

新课标明确指出：义务教育语文课程内容主要以学习任务群组织与呈现。在设计语文学习任务时，我们要围绕特定的学习主题，确定具有内在逻辑关联的语文实践活动。可见，"主题""关联"是学习任务群的关键词，基于学习任务群的课堂特征就是"整合"。因此，在设计学习任务的时候，我们要注重以下几方面的整合。

1. 内容整合

学习任务群要求把过去以知识学习和技能训练为主的教学模式，转变为以完成学习任务为主的实践活动，把文本的阅读、知识的学习、听说读写等训练，都融合在具有综合性、开放性和挑战性的真实情境和学习任务之中。这就要求我们对教材进行全面、深入的解读，然后对教学内容进行系统的、结构化的整合。例如，五年级下册第七单元的人文主题"足下万里，移步换景，寰宇纷呈万花筒"，编排了《威尼斯的小艇》《牧场之国》《金字塔》3篇课文，展现了威尼斯独特的城市风光，描写了荷兰安闲的牧场，介绍了古老的埃及金字塔，体现了世界各地丰富多彩的自然、人文景观。口语交际"我是小小讲解员"、习作"中国的世界文化遗产"与单元主题密切相关，旨在培养学生了解世界多元文化的兴趣。

本单元的阅读训练要素是体会静态描写和动态描写的表达效果。围绕这个语文要素，从横向看，本单元精读课文的课后题和文中的泡泡用不同的方式，引导学生体会静态描写和动态描写的表达效果；"交流平台"对语文要素进行梳理总结，引导学生进一步感受静态描写和动态描写所体现出的景物的独特魅力；而"语文园地"里的词句段运用则是引导学生学以致用，学会运用这种表现方法。从纵向看，学生对这个阅读训练要素并不陌生。

五年级上册第七单元以"初步体会课文中的静态描写和动态描写"为要素，编排了《古诗词三首》《四季之美》《鸟的天堂》及略读课文《月迹》。

本单元的表达训练要素是：搜集资料，介绍一个地方。这个训练要素从横向看贯穿于每篇课文的学习、口语交际学习及习作学习整个过程，体现了读写结合的高度统一。从纵向上，我们通过列表（表1）来看教材的编排设计。

表1

册序	单元	表达训练要素
三下	第七单元	初步学习整合信息，介绍一种事物
四下	第三单元	根据需要收集资料，初步学习整理资料的方法
五上	第五单元	搜集资料，用恰当的说明方法，把某一种事物介绍清楚
五下	第七单元	搜集资料，介绍一个地方

通过教材编排的横向、纵向分析，结合本单元的人文主题，我们把本单元定位为"文学阅读与创意表达"学习任务群。新课标明确指出：本学习任务群旨在引导学生在语文实践活动中，通过整体感知、联想想象，感受文学语言和形象的独特魅力，获得个性化的审美体验；了解文学作品的基本特点，欣赏和评价语言文字作品，提高审美品位；观察、感受自然与社会，表达自己独特的体验与思考，尝试创作文学作品。基于新课标的指导精神及学生的学情分析，我们确定本单元学习主题为"立根中国，放眼世界"，并提出切实的学习任务：举办旅游推介会。在主题统整、任务驱动下，我们根据需要拆解、调整、重组教材内容，如口语交际前置、习作任务前置、分解语文园地等，在整个单元的视野内统筹设计各个板块的学习内容。

2. 目标整合

以核心素养为导向，新课标构建了一个由总目标、学段目标、学习任务群、学业质量评价等构成的多层次的目标和内容体系。九条总目标高度凝练、概括，学段目标分别就四个阶段的学业表现做出了要求，学习任务群对学习内容和教学提出具体要求，学业质量评价则为各学段、各领域的学习情况提供了考量标准，四者构成了一个由概括到具体的系统的课程评价体系。根据新课标的指导精神，我们也要从教材编排的整体性、系统性、序列性出发来制定单元的学习目标。在充分解读教材内容，确定单元学习主题的基础上，我们确定五年级下册第七单元的学习目标为：

（1）认识26个生字，会写30个生字、28个词语。

（2）了解威尼斯、荷兰、埃及金字塔的地理位置、自然风光及人文景观等，绘制旅行路线图。

（3）在真实情境中，完成相关"子任务"，体会、交流、总结课文静态描写与动态描写的表达效果。

（4）能根据主题搜集、整理资料，并清楚、有条理地为别人做介绍。

（5）举办旅游推介会，传播多元的文化。

有了明确的、能够统领整个单元学习的总体性目标后，我们再以目标视角来观照每一项子任务的落实情况，对学习内容进行符合目标逻辑的整合与组织，对学习活动进行有层次的呼应目标的规划安排。

3. 资源整合

要以"主题统整"为原则，围绕相同的主题内容，进行不同方向、不同渠道的知识、技能、素养的获取，打破课内与课外、学科与学科、学科与生活、学校与社会的壁垒，不断拓宽学生的知识视野。比如，学习《牧场之国》时，让学生通过地图、摄影作品、音像等了解荷兰的自然风光、风俗人情，会比通过教师介绍得到的了解来得更生动、具体。再如，学生在分享自己在《金字塔》中的探秘之旅时，将图文并茂的PPT用作"交流"的辅助手段，这样的表达效果要比读几段文字强多了。这样的学习涉及地理、美术、音乐、信息技术等各个学科的知识，让学生在做中学，在用中学，在创中学。此外，教师要为学生提供多层面、多角度的阅读、表达和交流的机会，促进师生在学习中的多元互动；要充分利用网络平台和信息技术手段，支持学生开展自主、合作、探究性学习，让学生的学习更具个性化和创造性；要发挥大数据优势，及时分析学生的学习情况，并提供及时、准确的反馈和个性化指导。

4. 策略整合

学习任务群是在吸取大单元教学、主题式学习、项目式学习、跨学科学习等成功经验的基础上提出来的，我们在教学实践中也要继续借鉴这些学习方式的先进做法，积极推行自主探究、协同发展的学习方式，灵活运用各种教学策略为课堂教学服务，如设境激趣、启发诱导、示范操作、对话交流、实作演练以及多媒体辅助等。我们要重视教学活动中多样化情境的创设和进阶性活动的设计，让学生经历提出问题—分析问题—解决问题的过程，避免简单重复的训练和机械单一的讲授。当然，语文实践并不排斥知识，而是要在真实的语用环境中运用知识和技能开展有效的语言实践。教学过程要力求环环相扣、相机推进、张弛有度、务实高效。我们要坚持教学目标、内容和方法的逻辑统一，在守正创新中探索行之有效的教学方法和策略。

（二）以"情境设计"为突破

情境设计，就是为了落实特定的学习目标而营造一个"语用"的环境，设计一个"用语文解决问题"的境遇或任务，也就是我们通常说的"大情境""大任务"。语文学习情境的创设源于语言运用的真实需求，创设情境要结合语文学习、语文技能、社会生活和学生经验，符合学生的认知水平和兴趣爱好，利用无时不有、无处不在的语文学习资源与实践机会，引导学生关注家庭生活、校园生活、社会生活，激发学生探究问题、解决问题的兴趣和热情，增强学生在各种场合学语文、用语文的意识。例如，在五年级下册第七单元的学习过程中，开课之初我便告诉学生，班级里要举办一个旅游推介会，每个小组都要结合单元学习的收获，通过各种方式和途径，如绘画、表演、手抄报制作、PPT演示、小视频创作等，为同学们推荐自己心目中的"最佳景点"，最后评选出的优秀小组将获得"最佳推介奖"。学生都特别在意这个"最佳",那就要在"最佳"的判断上,充分展开观点的表达和交流,共同讨论"推介"的标准,还要根据标准有理有据地准备"精品景点"的推荐。

六年级下册第五单元人文主题是"科学发现",安排了《学弈》《两小儿辩日》《真理诞生于一百个问号之后》《表里的生物》《他们那时候多有趣啊》几篇课文的学习,从主题内容来看这一单元属于"思辨性阅读与表达"任务群。新课标指出:本学习任务群旨在引导学生在语文实践活动中,通过阅读、比较、推断、质疑、讨论等方式:梳理观点、事实与材料及其关系;辨析态度与立场,辨别是非、善恶、美丑,保持好奇心和求知欲,养成勤学好问的习惯;负责任、有中心、有条理、重证据地表达,培养理性思维和理性精神。根据新课标的要求,我们结合本单元的语文训练要素设置的任务是:①体会文章是怎样用具体事例说明观点的;②展开想象,写科幻故事。我们创设的大情境是:在班级举行"小小思辨家"评选活动,让学生带着任务在学习过程中通过设置一个个阶段性的"子任务"体会"如何通过具体事例说明自己的观点",进而准备自己的"思辨演说",参加"小小思辨家"评选活动。当学生积极主动地参与评选活动时,我们就能最大限度地调动他们进行猜测、联想、判断、推理、提炼等有价值的心智活动,这样的学习才是最有效的。

六年级下册第二单元属于"整本书阅读"学习任务群,我们以《鲁滨逊漂流记》《骑鹅旅行记》《汤姆·索亚历险记》为主要书目,以"策划读书周活动"为真实情境,通过确定主题,挑选活动、制订方案、举行活动这些一级一级的子任务,引领学生一步一步地落实任务群的学习。学生在任务驱动下,兴致盎然地讨论读书周主题,确定方案,并紧锣密鼓地进行各个交流活动的筹备,如提出"讲故事、说人物""写梗概、制海报""最喜欢人物论坛""小说改编电影展"……主题,学生自己设计自己挑选,最后进行展示,让学生在丰富多彩的阅读活动中,跟随外国文学名著的脚步,走向更广阔的世界。

真实而有效的学习情境，能促进学生深度学习和高阶思维的发生。学习情境的创设，我们要从挑战性、创造性、开放性、可行性四方面去考虑，思考如何给予学生更多的参与机会，为他们提供多元、开放的空间和丰富的学习路径，让学习真实发生。

（三）以"任务驱动"为引擎

这里"任务驱动"里的"任务"，除了以上提到的主题统整下的"大情境""大任务"外，更多的是指"大任务"统领下的"子任务"。如果说"大情境""大任务"是总司令的话，那么一个个"子任务"则是攻城略地的好军士，一个个学习的堡垒得由它们逐个攻破。不同的"子任务"备好引擎，有序、有力地推进，才得以建构出一个充满战斗力的"任务群"。同样以五年级下册第七单元"文学阅读与创意表达"学习任务群为例，"举办旅游推介会"这一总任务，通过四个结构化、序列化、梯度化的阶段性任务来得以实现。

任务一：绘制旅游路线图。此任务整合三篇课文，设计两个活动。①"搭乘旅游观光车"。首先，学生要凭票上车，教师以"过关取票"的形式检查学生"预学单"的完成情况，并根据学生的反馈，通过小组合作检查、验收等方式，帮助学生掌握难读、难写的字词；接着，教师让学生搭乘旅游观光列车去领略威尼斯、荷兰、埃及的独特魅力，借助思维导图帮助学生厘清课文内容，并在不同的情境中愉悦地感知课文的主要内容和关键信息；最后，学生通过制作明信片或发"朋友圈"的方式跟小伙伴分享"景点掠影"，在情境化、任务式的驱动下加深对单元学习内容的整体把握，为接下来的学习打下基础。②"我的旅行路线"。活动分为三步：连篇阅读，明确位置，设计路线。教师引导学生借助世界地图了解各国地理位置，绘制游览路线图，将书本知识变为鲜活的生活实践。

任务二：欣赏异国风情。这个任务分四个环节完成。第一个环节，走进威尼斯，体味动静之美。教师通过创设各种学习情境，将朗读、比较、仿写等学习任务融入活动过程，带领学生领略威尼斯的浪漫和繁华，体会作者动态描写和静态描写的表达效果。第二个环节，走进荷兰，感受宁静之美。教师同样以游览和欣赏的方式，让学生体会作者"以静写静""以动衬静"的表现手法，并创设真实的语用情境，让学生仿照作者的写法，描写放学后的校园的安静之美。第三个环节，美读美悟，品味风物之美。教师让学生美美地品读课文，把那些优美而富有情趣的句子摘抄下来，并给它们配上插图，制作图文并茂的"彩迷画册"。第四个环节，读思结合，揭秘神奇之美。教师创设情境，让学生当一回"小小考古学家"，通过提取非连续文本中的关键信息并结合课外资料，借助表2归纳、分析，一起研究：建造如此伟大的金字塔需要具备哪些条件？古埃及具备这些条件吗？这一环节有效地训练了学生提取、分析和整理信息的能力，为后面的口语交际和习作的学习做好了铺垫。

表2

需要条件	具备条件
地理优势	傍水而居
知识成就	
运输技术	
建筑材料	
建筑技术	

任务三：传播中国文化。这一任务主要通过两个学习活动去完成。活动一，"讲解小达人"评选活动。教师根据口语交际的活动内容，整合单元训练要素，在实践中引导学生搜集、整理资料、列讲解提纲、制作信息卡等。活动二，我为中国的世界文化遗产代言。首先，教师组织学生开展"文化遗产知多少"问答环节，学生通过活动收集、筛选、分类、整理相关内容，加深对祖国的世界文化遗产的了解；接着，教师借助"中国的世界文化遗产"信息清单（如下）引导学生打开思路、厘清

结构、搜集内容、形成文字；最后，在同学们的建议下，教师修改完善信息清单，并在班级内挑选好作品汇编成《揭秘中国的世界文化遗产》供大家学习和阅读。

"中国的世界文化遗产"信息清单

搜集人员：＿＿＿＿＿＿＿　　　搜集目的地：＿＿＿＿＿＿＿

资料分类	地理位置	基本现状	文化价值	历史背景	相关故事
资料概述					
资料来源					

任务四：策划精品推介会。通过前期的学习，学生已经有了较好的知识及能力的储备，在此基础上，小组合作策划"精品景点"旅游推介会。学生在准备展品和推介演说词等过程中进一步巩固和运用习得的各项能力，并在共同探讨、协助学习中形成团队意识和合作精神。

随着四个循序渐进、不断深化的子任务的完成，"举办旅游推介会"这个统领任务群学习的"大任务"自然也就"功德圆满"了。学生在各个任务的驱动下，在真实的语用环境中，运用语言，提升素养。

（四）以"教学评价"为保障

学习任务群以素养为导向，以学生为主体，创新教学模式，通过主题统整、情境创设、任务驱动、合作探究等形式完成活动任务，学习成果自然值得期待。有些内容的学习成果会通过美术、书法、演讲、海报、研究报告、多媒体演示等方式呈现出来，而有些内容的学习则只呈现过程而没有最终的成果，如讨论、辩论等，传统的测验和考试难以评价学生学习的成效。因此，我们要改变传统的评价方式，以过程性、表现性评价为主，综合运用多种评价方法，在真实的情境中对学生进行全面、客观、科学的评价。例如，我们通过学生日常写字、习作、讨论、汇报展示、朗读背诵、课本剧表演等方面的表现，记录学生的典型表现；通过课堂观察、对话交流、小组分享、学习反思等方式收集学生过程性表现并进行合理的评价；通过了解学生的学习态度和认知特点，评估其内在学习品质的发展；通过信息技术手段搜集更多的评价资料并进行系统化、精准化的数据分析，给学生及时的反馈与帮助；纸笔测试要注意与日常教学相结合，注重测评题目的实践性、科学性、灵活性，发挥阶段性评价的诊断、调节功能。总之，评价的方式方法灵活多样，我们要根据实际需要，科学合理地运用。在这里，我们重点探讨一下课堂教学中对学生的过程性评价。

新课标指出，教师应树立"教—学—评"一体化的意识，科学选择评价方式，合理使用评价工具，妥善运用评价语言，注重鼓励学生，激发学生学习的积极性。评价量表的设计和运用，是"教—学—评"一体化理念得以落实的重要保障。我们在"任务群"实践过程中，要特别关注表现性任务的设计及制定相应的评价标准，让学生能够在学习过程中有意识地进行自我管理和监测，并从学生的表现中得到及时的反馈，给予学生真切需要的支持和帮助。下面还是以五年级下册第七单元的学习为例，呈现通过针对整个单元学习重点而设计的"单元学习评价总表"，以及针对阶段性"子任务"的各个评价量表，将评价嵌入学习的全过程。

量表一：单元学习评价总表（表3）。

表3

类别	学习目标	评价标准
生字词	1. 能读准本单元26个会认字的读音，并且会这些字的拼音拼写	☆ ☆ ☆ ☆ ☆
	2. 会写田字格里的30个生字，会写词语表里本单元的28个词语	☆ ☆ ☆ ☆ ☆
阅读要素	1. 能正确、流利、有感情地朗读课文	☆ ☆ ☆ ☆ ☆
	2. 能借助思维导图厘清课文内容，并在不同的语用情境中提取关键信息	☆ ☆ ☆ ☆ ☆
	3. 能连篇阅读，了解各个国家的地理位置，借助世界地图绘制游览路线图	☆ ☆ ☆ ☆ ☆
	4. 能体会、交流、总结课文静态描写与动态描写的表达效果	☆ ☆ ☆ ☆ ☆

续 表

类别	学习目标	评价标准
表达要素	1. 能根据主题，搜集、整理资料，并清楚、有条理地为别人做介绍	☆ ☆ ☆ ☆ ☆
	2. 能熟练运用文字、图片、表格等介绍中国的世界文化遗产	☆ ☆ ☆ ☆ ☆
学习态度	1. 能积极主动地参与学习，并完成相应的任务	☆ ☆ ☆ ☆ ☆
	2. 与同伴合作热情高	☆ ☆ ☆ ☆ ☆

量表二："我是快乐点评人"评价表（表4）。

表4

我是快乐点评人			
点评人：（　　　　）			
我想点评（　　　）的讲解			
围绕主题从多方面进行讲解，条理清晰	态度大方，语气语速适当，适当使用动作、表情	有听众意识，能及时调整讲解内容	借助多媒体或配上图片、音乐等
☆ ☆ ☆ ☆ ☆	☆ ☆ ☆ ☆ ☆	☆ ☆ ☆ ☆ ☆	☆ ☆ ☆ ☆ ☆
共得（　　　）颗星			
注：每位讲解员讲解的时间控制在4分钟内			

　　以上两份评价量表均以语文核心素养及单元学习目标为依据和参照，从基础知识、核心要素、成果展示、情感态度、团队合作等方面对学生的表现进行表现性评价，既为学生提供了任务完成的目标指引，又为学生的自我评价、相互评价以及教师评价提供了一致的衡量标准，为实现"教—学—评"一体化提供了重要的保障。

　　学习任务群的提出是新课标一个重要的创新和突破，代表新课改重要的方向和途径。我们要明确学习任务群的定位和功能，准确把握每个学习任务群的学习内容和教学提示，对其所涉及的知识点、技能点、活动点做出整体筹划。我们还要关注同一学习任务群在不同学段的目标与任务，既要避免同一学习内容的简单重复，又要防止学习内容的遗漏缺失。

总之，我们要以学习任务群为契机，在课堂教学的方式和方法上进行相应的革新与突破，通过教学实践，不断增强"主题统整""素养导向"的教学理念，让课堂教学更高效、更具生命力和生长力。

三、行其事——学习任务群的案例分析

在使用统编版教材的背景下，学习任务群所倡导的教学理念和学习方式，如何在单元教学中得以真正的实施呢？下面以统编版小学语文四年级下册第二单元"跨学科学习任务群"的实践活动为例，从真实情境与学习任务、教学资源与教学目标、学习活动的设计、各阶段学习目标和学习活动的推进、教学设计举例、教学反思与讨论这六个方面为大家做深入、细致的探讨。

（一）真实情境与学习任务

本单元是统编版教材四年级下册"自然奥秘　科学技术"主题单元。本单元的四篇选文的"口语交际""习作""语文园地""快乐读书吧"等学习板块均与自然、科技有着密切的关系，旨在让学生在学习实践活动中，拓宽科学视野，激发科学兴趣，点燃探索热情。《义务教育课程方案和课程标准（2022年版）》明确指出："原则上，各门课程用不少于10%的课时设计跨学科主题学习。"我们基于本单元的编排特点及新课改的指导精神，确定本单元学习情境为"科技世界寻奥秘，畅想未来展才思"，让学生在落实本单元语文实践活动的同时，将学习拓展到相关的科学、美术、音乐、信息科技等学科领域，借助各种学习资源，打破学科与学科、学科与生活、学校与社会的壁垒，让学生的核心素养得以有效提升。

新课标分三个层面，把语文课程的内容组织和呈现方式设置为六个

学习任务群，其中将"跨学科学习任务群"的概念界定为"本学习任务群旨在引导学生在语文实践活动中，联结课堂内外、学校内外，拓宽语文学习和运用领域；围绕学科学习、社会生活中有意义的话题，开展阅读、梳理、探究、交流等活动，在综合运用多学科知识发现问题、分析问题、解决问题的过程中，提高语言文字运用能力"。根据学段特点，跨学科学习任务群对各学段的安排也有所侧重，其中，第二学段中提到道："尝试运用科学、艺术、信息科技等相关知识和技能，富有创意地设计并主动参与朗诵会、故事会、戏剧节等校园活动。"基于新课标的指引，结合本学期开展科创主题阅读节这一真实情境，我们在对统编版教材内容的解读和设计的基础上，提出切实的学习任务：参加学校举办的"神奇的力量"科技展览会，先在班级举办作品展览，遴选出优秀作品推荐给学校。学生结合本单元的所学、所感、所见、所思，开展丰富多彩的科技创新创意学习活动，分小组准备参展作品，并通过展览会这个大舞台将自己的学习成果展示出来。

我们围绕教材中的单元语文要素，结合学习任务群中的子任务，巧妙并有针对性地划分"远古馆""当代馆""未来馆"三大展馆，让学生在筹办"神奇的力量"科技展览会这样的大情境下，带着"大任务"去学习，在学习过程中，发现问题，提出问题，思考问题，解决问题，并在合作探究、跨学科学习中感受学习的乐趣，与同学协同学习、互学互助，增强团队意识和合作精神，充分体现新课标倡导的课程理念。

（二）学习资源与教学目标

本单元的人文主题是"蓝天、森林、大海，蕴藏着自然的奥秘；过去、现在、未来，述说着科技的精彩……"本单元安排了两个语文要素："阅读时能提出不懂的问题，并试着解决""展开奇思妙想，写一写自己想发明的东西"。本单元安排的《琥珀》《飞向蓝天的恐龙》《纳米技术就在我们身边》三篇精读课文，《千年梦圆在今朝》一篇略读课文，都与自然、科技有关。《琥珀》课后还安排了"阅读链接"，

《飞向蓝天的恐龙》课后安排了"资料袋"。我们将"口语交际""说奇闻"结合本单元学习任务进行调整，让学生选择一则"自然奥秘、现代科技奇闻"和同学交流，要求说清楚信息的来源，把信息讲清楚，不随意更改内容。学生还可以说说自己对这则奇闻的看法，锻炼自己准确传达信息，清楚、连贯地讲述的能力。习作"我的奇思妙想"让学生发挥想象，写一写自己想发明的神奇的东西，也可以拓宽眼界，写一写听过的、看过的别人的奇思妙想。"语文园地"的交流平台总结了解决问题的方法；"词句段运用"提供了一些词语让学生交流，还提供了三个句子，让学生体会作比较的说明方法，并要求照样子写一个事物。"快乐读书吧"推荐阅读苏联作家米·伊林的《十万个为什么》。"相信你可以读更多"还推荐了中国的《十万个为什么》、李四光的《看看我们的地球》、高士其的《灰尘的旅行》、贾兰坡的《人类起源的演化过程》给学有余力的学生。科普类文章的编选以及策略的学习意在让学生接触科学知识，激发他们的科学探索精神，让学生逐渐习得科普类文章的表达方法，引导学生实现科普读物的"快乐阅读"。

关于提问的方法，四年级上册第二单元安排了专门的阅读策略单元来学习。本单元"阅读时能提出不懂的问题，并试着解决"这一阅读要素是对提问策略的巩固学习，同时要求学生重点学习解决问题的方法。根据本单元的主题、语文要素以及学生已有的基础，我们设置了"科技展览会"这个大情境，以"筹备科技展览会，为展览会提供展品"为抓手，将各个学习主题活动融入准备过程，学生在兴趣盎然的活动中达成学习目标。

本单元的学习目标如下：

（1）自主预习课文，初步了解课文内容。认识43个会认的字，读准3个多音字，会写45个生字，会写46个词语。在教师的引导下，结合单元人文主题与语文要素共同制定"科技展览会"的活动项目，并明确学习任务及相应的评价标准。

（2）在自主阅读科普类文章时，能从文章的内容、写法、获得的启示等不同的方面提出不懂的问题，并学会解决问题的方法：结合上下文、查资料、结合生活经验、向他人请教，逐渐养成积极解决问题的习惯。

（3）结合生活经验以及阅读体验，能产生奇思妙想，有想发明神奇东西的愿望。用画画等方式对想要发明的东西进行设计并用文字描述清楚；也可以拓宽眼界，写一写听过的、看过的别人的奇思妙想。写出来后和同学交流并修改。

（4）能就自己感兴趣的"自然奥秘、现代科技奇闻"和同学交流。要能说清楚信息的来源，把信息讲清楚，不随意更改内容；能简单发表自己对所分享的奇闻的看法。

（三）学习活动设计

为指导学生筹办科技展览会，我们整合本单元的学习内容和学习板块，制定了单元学习目标，划分了"远古馆""当代馆""未来馆"三大展馆，活动流程分为快乐启航、远古穿越、放眼世界、展望未来、展示交流五个阶段（见图2）。每个阶段提出明确的学习目标，学生围绕真实的任务群积极主动地学习和交流，在学习活动中学会发现问题和解决问题，实现"做"中学、"用"中学、"评"中学。

1. 快乐启航：从好奇出发

（1）明确任务

本单元的学习任务：认识自然奥秘，了解科技世界，先在班级举办作品展览，遴选出优秀作品推荐到学校参加"神奇的力量"科技展览会；了解各阶段的具体任务，师生交流共定评价标准。

（2）基础梳理

借助预学单学习并梳理课文生字词，完成识字写字任务。初读课文，整体感知文章大意。

（3）整本书导读

参与"快乐读书吧"推荐阅读书目《十万个为什么》导读活动，能产生阅读兴趣、把握整体内容并制订有效的阅读计划。

2. 远古穿越：探秘远古馆

（1）对比阅读

通过对比阅读学习《琥珀》《飞向蓝天的恐龙》两篇课文。运用"推测"的方法，有条理地讲解琥珀形成的过程及恐龙飞向蓝天的演化过程。

（2）寻找最佳"远古馆讲解员"

学生借助图表及演变图，讲解琥珀形成的过程或恐龙演化的过程。在全班的阶段性展示交流活动中推选最佳"远古馆讲解员"。

（3）学习解决问题的方法

学习通过多种方法解决阅读中的问题，培养热爱科学、探索求知的兴趣。

3. 放眼世界：遨游当代馆

（1）了解现代科技

整合学习《纳米技术就在我们身边》《千年梦圆在今朝》，梳理文意。

（2）为"科技小博士争霸赛"设计问答卡

从课内两篇现代科技课文中发现有价值的题材，同时结合课外整本书《十万个为什么》或其他科技读物，发现有趣的事物，提出问题，解决问题，设计问答卡，并将其作为展览会中"当代馆"的互动展品之一。

4. 展望未来：畅想未来馆

（1）说奇闻

开展"说奇闻"口语交际活动，选择一则"自然奥秘、现代科技奇闻"和同学交流，并谈谈自己的见解。

（2）"奇思妙想"思维导图制作

大胆展开想象，用思维导图呈现自己的"奇思妙想"或听过的、看过的别人的奇思妙想，激活习作思路。

（3）"奇思妙想"创意成果制作

尝试通过图画、手工制作、图表、动画制作、文字等方式向同学介绍"奇思妙想"。

（4）初试身手

通过《飞向蓝天的恐龙》课后"小练笔"和语文园地"词句段运用"，体会说明文精确表达的语言特点。

（5）写写奇思妙想

完成"我的奇思妙想"习作练习，通过教师评价、生生互评等多元评价，对习作加以修改润色。

5. 展示交流：欢聚展览会

（1）展览成果梳理

梳理"远古馆""当代馆""未来馆"的学习成果，制作展览会邀请函，选择合适的展品，完成个人或小组的参展作品。

（2）展览成果美化

小组之间交流，尝试解说自己的或小组的参展作品，对展品进行修改和美化。

（3）举办班级展览会

班级内进行展览，点评并推荐优秀作品参加学校展览。

（4）总结及反思

总结举办科技展览会的学习体会。

本单元的学习活动以语文学科为主，融合科学、数学、美术、音乐、信息科技、道德与法治等学科，实现跨学科学习。本单元关注学生多元提问能力的培养的同时，还关注学生解决问题能力的培养，有层次地落实语文要素，助力学生语文核心素养的形成。

五个阶段大致需要14课时来完成。

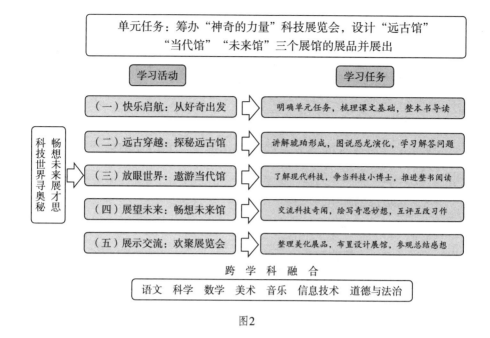

图2

（四）各阶段学习目标和学习活动设计

快乐启航：从好奇出发

【阶段学习目标】

（1）自主预习课文，初步了解课文内容。认识43个会认的字，读准3个多音字，会写45个生字，会写46个词语。

（2）在教师的引导下，结合单元人文主题与语文要素共同制定"科技展览会"的活动项目，并明确学习任务及相应的评价标准。

（3）回顾上学期学过的提问策略，在自主阅读科普类文章时，能从文章的内容、写法、获得的启示等不同的方面提出不懂的问题。

（4）通过导读课，产生阅读《十万个为什么》整本书的兴趣，制订阅读计划。

【阶段学习活动设计】

课前学生活动：结合"单元预学单"进行自主预习。

板块一：交流预学单，回顾方法

（1）交流生字词的预习成果，检测预习效果，对易错字词进行练习、巩固。

（2）回顾、交流上学期学过的提问方法。

设计意图说明：落实新课标"学业标准"中提到的"能借助汉语拼音、工具书，在阅读中主动识字；能根据具体语境辨析多音多义字的读音和字义，辨识、纠正常见的错别字。"落实积累和梳理语言材料的学业质量要求，培养学生自学生字词和与同伴交流合作解决易错字的能力，扫清阅读的障碍。通过选择题回顾之前学过的提问策略，唤起多角度提出问题的记忆。

单元预学单

任务1：认识"琥、珀"等43个会认的字

（1）把会认的字所组成的词语在文中圈出来，读准确，读熟练。

（2）和学习伙伴互相检查读音并纠正。

任务2：会写"怒、吼"等45个生字和46个词语

（1）抄写"怒、吼"等45个生字、"怒吼、松脂"等46个词语。把写错的字、词语圈出来并改正。

（2）把易错字编成字谜，学习伙伴互相猜一猜。

任务3：提问方法忆一忆

我们上学期学到了一些提问的方法，你还记得吗？来回忆一下吧。（请选择正确序号填在括号里）

（1）课文中提到的无线电波和超声波是一样的吗？（《夜间飞行的秘密》）
（　　）

（2）现代科学技术给我们带来的全是好处吗？（《呼风唤雨的世纪》）（　　）

（3）为什么课文没有具体写后两次实验？（　　）

A.对文章内容进行提问

B.对文章写法进行提问

C.联系生活经验进行提问

板块二：走进课文，多元提问

（1）读懂课文，填写表5。

表5

文章	主要内容	我提出的问题
《琥珀》	琥珀形成的过程	
《飞向蓝天的恐龙》		
《纳米技术就在我们身边》		
《千年梦圆在今朝》		

（2）我最感兴趣的文章是＿＿＿＿＿＿，因为＿＿＿＿＿＿。

（3）小组合作，交流课文主要内容，明确本单元的主题——"自然奥秘科学技术"，感受自然的奥秘与科技的精彩。

（4）小组内交流各自最感兴趣的文章，并说出理由。

（5）分小组整理问题清单，对提出的问题进行筛选，列出小组内未能解决的、认为最有价值的、对理解课文最有帮助的问题。

活动意图说明：通过这个板块，学生大概了解课文内容，明确单元主题；通过交流，学生对自然和科技产生兴趣；学生运用以前学过的提问策略从多个角度提出问题，小组合作筛选出最有价值的问题，帮助理解课文内容。

板块三：任务发布，制定标准

（1）在明确本单元主题的基础上，全班确定筹备"神奇的力量"科技展览会的大任务。

（2）将学习资源根据主要内容进行分类，设置相应的展览会的场馆（表6）。

表6

学习资源	学习成果	对应场馆
《琥珀》和《飞向蓝天的恐龙》	远古馆讲解员、恐龙演变图、恐龙卡片（实践性作业）	远古馆
《纳米技术就在我们身边》《千年梦圆在今朝》和课外整本书《十万个为什么》	"科技小博士争霸赛"问答卡	当代馆
《飞向蓝天的恐龙》课后"小练笔"、语文园地"词句段运用"、"说奇闻"口语交际、"奇思妙想"主题习作	奇思妙想思维导图、奇思妙想创意作品（图画、手工制作、图表、动画制作、文章等）、奇思妙想习作	未来馆

（3）再次分析学习材料，根据课文内容、课后题、"口语交际"、"习作"、"语文园地"、"快乐读书吧"等，发现有价值的题材，结合《十万个为什么》或其他科技读物，发现有趣的事物，构思参展作品及展览形式。

（4）围绕展览会的开展，从参与过程、表达能力、作品效果等方面初步形成评价标准。

【持续性学习评价】

举办"神奇的力量"科技展览会的评价标准见表7。

表7

目标	展馆	内容安排	评价☆☆☆☆☆
举办"神奇的力量"科技展览会	远古馆	1.争当展览会讲解员：介绍琥珀的形成过程和恐龙演化的过程	能够清楚地讲述琥珀的形成过程和恐龙演化的过程
		2.制作展览会展品：绘制恐龙演化成鸟儿的演化图，制作恐龙卡片	绘图精美，想象合理
	当代馆	设计"科技小博士争霸赛"问答卡	能提出有价值的问题并解决
	未来馆	1.科技奇闻展播	清楚连贯地讲述科技奇闻，准确传达信息并能说说自己对奇闻的见解

续 表

目标	展馆	内容安排	评价☆☆☆☆☆
举办"神奇的力量"科技展览会	未来馆	2."奇思妙想"习作展	想象奇妙，运用恰当的表达方法，写清楚对象的样子、功能
		3."奇思妙想"绘画、手工、动画展	制作精美，想象奇妙
	综合	1.科技展览会邀请函制作	能根据不同的参与对象，采用合适的措辞进行邀请；能清晰传达展览会的时间、地点及内容
		2.科技展览会活动音乐选择	能根据科技展览会的主题选择合适的现场活动音乐，营造氛围，调动活动参与的活跃度
		3.科技展览会互动活动设计与实施	能根据不同展馆内容，设计合适的互动活动；能将互动活动按照计划有序地进行组织和实施
过程性☆☆☆☆☆				
1.能积极参与、思考，出谋划策。			
2.善于合作，有问题想办法解决			

板块四：整本书导读，拓展学习资源

（1）介绍苏联作家米·伊林及其代表作品《十万个为什么》的特点和在科普作品中的地位，引起学生的阅读兴趣。

（2）共读《十万个为什么》中的精彩片段，激发学生的阅读兴趣。

（3）借助目录，师生共同探讨书中内容，教师引导学生把握整本书内容。

（4）方法指导：制订阅读计划，并在阅读过程中制作思维导图，记录印象深刻的问题和答案，理解难懂的科技术语。

设计意图说明： 落实新课标在整本书阅读任务群中提到的制订阅

读计划，综合运用多种方法阅读整本书；借助多种方式分享阅读心得，交流研讨阅读中的问题，积累整本书阅读经验，养成良好阅读习惯，提高整体认知能力，丰富精神世界；拓展阅读材料，将课内学习迁移到课外，拓宽学生的科技视野。

【课时安排】

本阶段共3课时。

第1课时，检测预习效果，对易错字词进行练习、巩固。读懂课文，尝试从不同的角度提出问题。

第2课时，明确任务，师生共定评价标准。

第3课时，整本书阅读导读——《十万个为什么》，激发学生阅读兴趣，制订阅读计划，进行阅读方法的指导。

远古穿越：探秘远古馆

【阶段学习目标】

（1）学习"推测"的科学思维方法，能有条理地讲解琥珀形成的过程。

（2）能简明扼要地讲述恐龙飞向蓝天的演化过程，制作恐龙演化图。

（3）清楚琥珀形成的过程及恐龙演化过程，能口头进行讲述，尝试成为远古馆的讲解员。

（4）学习通过查找资料、联系上下文、结合生活经验、请教别人等方法来解决阅读中的问题，激发热爱科学、探索求知的兴趣。

【阶段学习活动设计】

板块一：学习推测，对比阅读理解文意

学生活动：

（1）学习课文《琥珀》，寻找推测依据，梳理琥珀形成的过程。

（2）学习课文《飞向蓝天的恐龙》，运用推测方法梳理恐龙演变图。

活动意图说明：《琥珀》和《飞向蓝天的恐龙》两篇课文都以远古

生物化石作为题材，适合统整在一起，采用对比阅读的方式进行学习，落实推测的思维训练要素。可以先用《琥珀》这篇课文作为例子精讲，再用《飞向蓝天的恐龙》一文进行迁移运用，让学生在对比阅读中加深理解，也能提升思维能力，从而落实新课标提倡的语文素养的培养。

板块二：练习讲解，寻找远古馆讲解员

学生活动：

（1）借助推测图表，练习讲解琥珀形成的过程，争当"远古馆讲解员"。

（2）用语言文字结合恐龙演化的图片进行讲解，尝试做"恐龙讲解员"。

活动意图说明：以"寻找远古馆讲解员"为任务驱动，以用促学，引导学生在理解文意的基础上，注重语言运用，争当展览会中远古馆的讲解员，在这一真实性、综合性、实践性的任务中提升语文素养。

板块三：提炼总结，形成创意性学习成果

学生活动：

（1）选择一种方式演示琥珀的形成过程或恐龙飞向蓝天的演化过程，可以绘制连环画、制作多媒体课件或者制作动画。

（2）结合课外积累，完成制作恐龙卡片的课外实践作业。

活动意图说明：创设真实情境，将对远古生物化石文章的学习所得外化为创意学习成果。学生调用美术、科学、信息科技学科的知识和能力，再次实践跨学科学习，同时丰富"科技展览会"的展示作品形式和内容。

【持续性学习评价】

此阶段评价标准如表8所示。

表8

展馆	内容安排	评价标准	评价	评价人
远古馆	1.争当远古馆讲解员：介绍琥珀的形成过程和恐龙演化的过程	能够清楚地讲述琥珀的形成过程和恐龙演化的过程	☆☆☆☆☆	
远古馆	2.制作展览会中远古馆的展品：绘制连环画、制作多媒体课件或者制作动画视频等呈现琥珀的形成过程和恐龙的演化过程，制作恐龙卡片（实践作业）	信息正确、绘图精美、推测合理	☆☆☆☆☆	

【课时安排】

本阶段共2课时。

第1课时，学习"推测"的思维方法，了解琥珀形成的过程及恐龙演化的过程，用语言文字进行讲述，寻找"远古馆讲解员"。

第2课时，开展"寻找最佳讲解员"活动，制作恐龙卡片，进一步巩固所学，形成各类创意学习成果。

放眼世界：遨游当代馆

【阶段学习目标】

（1）阅读《纳米技术就在我们身边》《千年梦圆在今朝》课文，能理解并说出课文主要内容。

（2）结合课文及课外读物《十万个为什么》，理解并内化内容，为"科技小博士争霸赛"设计问答卡。

【阶段学习活动设计】

板块一：熟悉课文大意，了解现代科技

学生活动：对《纳米技术就在我们身边》《千年梦圆在今朝》两篇课文进行对比阅读，形成对现代科技的理解。

活动意图说明：借助课文学习资源，让学生对现代科技建立基本的概念，形成对现代科技的理解；同时，为《十万个为什么》的推进阅读奠定基础。

板块二：共读《十万个为什么》，关注科技动态词汇

学生活动：

（1）填写调查问卷，反馈《十万个为什么》的阅读情况，自己评价《十万个为什么》阅读推进情况并与全班同学分享感想，适时调整阅读计划。

（2）化身"科普词汇通"，交流分享自己了解的其他科技新词汇或有新含义的科技词汇。

【持续性学习评价】

此阶段评价标准见表9。

表9

展馆	内容安排	评价标准	评价	评价人
当代馆	了解《十万个为什么》中的科技词汇	准确理解，触类旁通	☆☆☆☆☆	

活动意图说明：四年级学生此前已经历过数次"快乐读书吧"阅读活动，对阅读活动已经有一定的认识和实践，这些条将有利于引导学生开展本次的阅读教学活动。但四年级学生的阅读经验较少，大部分学生都处于自然阅读的状态，仅关注故事的内容，没有学会阅读科普读物。同时，一部分学生无法维持阅读科普读物的兴趣，需要教师在阅读过程中加以干预，重燃学生的阅读兴趣。

板块三：为"科技小博士争霸赛"设计问答卡

结合课内外知识，为"科技小博士争霸赛"设计问答卡。

【持续性学习评价】

此阶段的评价标准见表10。

表10

展馆	内容安排	评价标准	评价	评价人
当代馆	为"科技小博士争霸赛"设计问答卡	提出有价值的问题并进行解决	☆☆☆☆☆	

活动意图说明：以设计"科技小博士争霸赛"问答卡为任务驱动，驱使学生将《十万个为什么》这本读物中的内容内化，选择有价值或有趣的问题进行梳理，这有助于学生阅读兴趣的提升。找寻答案的过程，也是学生积累课内外知识的过程。

【课时安排】

本阶段共2课时。

第1课时，学习《纳米技术就在我们身边》《千年梦圆在今朝》两篇文章，能理解并说出课文主要内容，对现代科技有一定的了解。

第2课时为《十万个为什么》阅读推进课，检查学生阅读《十万个为什么》的情况。学生能针对不懂的问题尝试运用一定的方法进行解决，结合课内外知识，为"科技小博士争霸赛"设计问答卡。

展望未来：畅想未来馆

【阶段学习目标】

（1）开展"说奇闻"口语交际活动，选择一则"自然奥秘、现代科技奇闻"和同学交流，并谈谈自己的见解。

（2）大胆展开想象，用思维导图呈现自己的奇思妙想。

（3）尝试用手工制作、动画制作等方式展示奇思妙想。

（4）根据《飞向蓝天的恐龙》一课的"小练笔"和语文园地"词句段运用"的练习提示，体会说明文准确的语言表达的特点。

（5）写写自己的或看到的、听到的别人的"奇思妙想"，完成"我的奇思妙想"习作，和同伴互相交流批改，吸收好的建议修改习作。

【阶段学习活动设计】

板块一：述说自然奥秘，交流科技奇闻

学生活动：

（1）了解最近的奇闻，讨论、梳理出"说奇闻"的见解评价标准。

（2）依据标准，讲述一则科技奇闻，准确传达信息，能把奇闻说得清楚、连贯，并发表自己的见解。

【持续性学习评价】

此阶段评价标准见表11。

表11

展馆	内容安排	评价标准	评价	评价人
未来馆	科技奇闻展播	清楚连贯地讲述科技奇闻，准确传达信息并能说说自己对奇闻的见解	☆☆☆☆☆	

活动意图说明：教师通过"科技奇闻展播"这一学习任务，引导学生关注自然奥秘和科技奇闻，并说明奇闻来源，清楚、连贯地讲述科技奇闻，准确传达信息并能说说自己对奇闻的见解；落实新课标中关于"表达与交流"的相关要求：能清楚明白地讲述见闻，说出自己的感受和想法。

板块二：了解现代科技，展开奇思妙想

学生活动：

（1）观看智博会宣传视频，了解智博会。

（2）交流自己参观智博会的所见、所感，进一步了解"智慧城市""无人驾驶""物联网""纳米技术""人工智能""3D打印""虚拟现实技术"等现代科技。

（3）通过了解智博会上的学生小发明，如"智能眼镜""智能桌椅""高层逃生隐形防盗网""防酒驾方向盘"等，关注生活中的问题，大胆展开想象，引发借助小发明解决生活问题的愿望。

活动意图说明：借助现实中现成的学习资源——智博会，学生进一步了解科技新词，关注现实日新月异的科技发展，树立文化自信，积累奋发向上的学习力量。

板块三：巧手绘制神奇，技术演绎精彩

学生活动：

（1）尝试用绘画、手工制作或动画等方式展示自己想设计发明的东西，或自己看到的新奇的发明产品，并附上说明。

（2）与同学交流自己的作品，谈谈奇思妙想的特点和作用。

（3）根据同学的建议补充奇思妙想的神奇之处，完善作品。

活动意图说明：该板块为写作的前置体验环节，学生通过绘画、手工、信息科技给自己的想象赋予生命力，尝试把自己或他人的奇思妙想创造模拟或制作出来；学生动脑又动手，充分培养多元智力，实现跨学科融合，并为接下来的写作做好铺垫。

板块四：学习例文引路，互评润色提升

学生活动：

（1）阅读习作"会飞的木屋"的构思导图，发现构思的方法，再根据自己的作品，写写小发明的功能和样子。

（2）借助思维导图图示，在学习单上完成习作构思并展示。小组思考互评：它的样子、功能说清楚了吗？你还有什么疑惑想询问产品的发明者吗？根据同学的建议，修改自己的思维导图。

（3）借助《飞向蓝天的恐龙》课后题和语文园地"词句段运用"的练习提示，体会如何准确地介绍事物。预设可借鉴的介绍方法有从不同的部位细化描写、运用对比的写法、运用恰当的比喻、进行合理的推测等。

（4）完成习作练习，写自己或他人的奇思妙想，在班级里展示交流，结合评价标准提出修改意见，进一步运用恰当的方法把所描绘的事物写清楚，课下完成第二遍誊写。

习作学习单

你想发明什么？它是什么样子的，有哪些功能？把它写出来介绍给大家吧！可以参考下面的提示，想想自己要写的内容，还可以把你想发明的东西画出来，帮助自己描述。

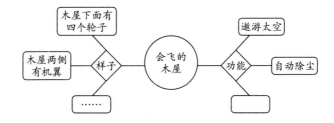

写完后，把习作读给同桌听，请同桌说说你是否写清楚了。

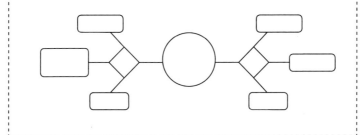

活动意图说明：新课标中"表达与交流"板块提到：观察周围世界，能不拘形式地写下自己的见闻、感受和想象，注意把自己觉得新奇有趣或印象最深、最受感动的内容写清楚。聚焦习作目标，搭建想象支架，能够帮助学生逐步完善自己的奇思妙想，使学生既能把握整体，又能细化局部。在学生搭建好思路支架之后，教师引导学生顺着图示的内容，通过口头训练把想象中的事物说清楚。教师通过组织"说给同伴听"环节，让学生口头表达更有对象感，以便互相启发、吸取建议，帮助学生构思习作内容，为其条理清楚、具体生动地表达做足准备。

【课时安排】

本阶段共4课时。

第1课时，选择一则"自然奥秘、现代科技奇闻"和同学交流，并能谈谈自己的见解。

第2课时，大胆展开想象，尝试通过图画、手工制作、动画制作等方式向同学介绍自己想发明的东西或看到的新奇的发明产品，并用思维导图呈现自己或他人的奇思妙想，与同学交流。

第3～4课时，学习说明文准确表达的语言特点，在奇思妙想和语言特点学习的基础上，完成以"我的奇思妙想"为主题的习作练习。通过教师评价、生生互评等多元评价方式，对习作加以修改润色，实现表达与交流。

【持续性学习评价】

此阶段的评价标准见表12。

表12

板块	任务描述	评价	评价人
我的奇思妙想	学习科普说明文准确表达的语言特点，并能照样子写一种自己熟悉的事物	☆☆☆☆☆	
	用适合的方式将自己或他人的奇思妙想呈现出来，同伴交流，感受想象的乐趣	☆☆☆☆☆	
	运用在本单元学到的恰当的表达方法，将自己或他人的奇思妙想写出来	☆☆☆☆☆	

展示交流：欢聚展览会

【阶段学习目标】

（1）梳理"远古馆""当代馆""未来馆"的学习成果，制作展览会邀请函，形成展品。

（2）将展品分类到"远古馆""当代馆"和"未来馆"中，小组之间交流，对展品进行修改和美化，进行展馆设计。

（3）推选各展馆讲解员，设计展示方式和讲稿内容，进行模拟演练。

（4）作为观众，能在参观展览的过程中欣赏、学习别人的作品，交流参观感受。

（5）班级内进行展览、点评，推荐优秀作品参加学校展览，总结举办科技展览会的学习体会。

【阶段学习活动设计】

板块一：小组分工合作，美化设计展品

学生活动：

（1）小组合作，整理各阶段学习成果，如恐龙卡片、"科技小博士争霸赛"问答卡、"奇思妙想"作品与习作等，进行美化，写明产品简介等内容，形成展品，并将展品分类摆放到"远古馆""当代馆"和"未来馆"中。

（2）设计班级科技展览会的宣传海报，设计并制作展览会邀请函。

（3）班级推选各展馆讲解员并进行模拟演练。

活动意图说明：落实新课标中提到的"参加跨学科学习活动，能参与简单的活动策划、组织工作；能根据不同学习活动主题搜集、整理信息和资料；能用照片、图表、视频、文字等展示学习成果，并与他人分享"。活动中要充分调动学生的学习主动性，在真实性、综合性、实践性的学习情境中实现语文综合素养的提升。

板块二：完善标准，推荐优秀作品参展

学生活动：

（1）根据自己的学习、创作过程，进一步理解、完善展品评价标准。

（2）依据评价标准和细则评选出优秀作品。

（3）为其他作品提出建议，修改后在班级展览。

活动意图说明：根据表现性评价理论，依托单元情境任务，坚持将评价贯穿全过程，以评价激发学习需求，使学生产生内在的学习动机，并在自主建构的学习中深入理解和完善评价。学生参与班级展览也能够获得正向的激励。

板块三：展览会交流展示

学生活动：

（1）布置"远古馆""当代馆""未来馆"，对展馆的展品进行相应的解说。

（2）参观展览会的三个展馆，学习别人的作品，进行交流反思和点评。

（3）推荐优秀作品参加学校展览，总结举办科技展览会的学习体会。

活动意图说明：新课标提倡在参加跨学科学习活动时，学生要乐于观察、提问、交流。创设班级展览会这样的活动，有利于促进学生的交流和反思；学生准备展品、参观展览的过程都是其自我提升和反思进步的过程。

【课时安排】

本阶段共3课时。

第1课时，小组分工合作，整理各个阶段的作品，分类美化设计展品，设计宣传海报及邀请函。

第2课时，推选各展馆讲解员，修改讲稿，加强练习。

第3课时，修改完善评价标准，对各个展馆进行参观交流和点评。

【持续性学习评价】

1. 展览会参与度评价表（表13）（评价对象：全班学生）

表13

板块	任务描述	评价	评价人
展览会交流展示	能对学习成果进行解说	☆☆☆☆☆	
	能欣赏并评价各种展品	☆☆☆☆☆	
	能积极参与观众互动活动	☆☆☆☆☆	
	能积极参与展览会志愿服务活动	☆☆☆☆☆	

2. 展览会小组合作交流展示评价细则（表14）（评价对象：合作小组）

表14

评价	评价细则
5：非常好	小组各成员积极参与，合理分工；前期有充分准备，乐于分享；成果展示美观、有实效，展示方式富有一定创意，展示仪态落落大方，展示语言具有一定的亲和力和吸引力
4：很好	小组各成员积极参与，合理分工；前期有充分准备，乐于分享；成果展示美观、有实效，展示仪态落落大方，展示语言具有一定吸引力
3：好	小组各成员积极参与，合理分工；前期有一定准备，乐于分享；成果展示美观、有实效，展示仪态落落大方，展示语言流畅连贯
2：欠缺	小组各成员分工欠合理；前期准备不够充分；展示方式有待完善，展示仪态及语言有待提高
1：差	小组各成员缺乏分工，前期无准备，展示方式单一单调
0	无任何展示交流的尝试

（五）教学设计举例

"神奇的力量"科技展览会第二阶段
第1课：远古穿越（探秘远古馆）

【教学内容分析】

本课教学内容以涉及远古化石的两篇课文《琥珀》和《飞向蓝天的恐龙》为依托，立足真实的学习情境筹办"神奇的力量"科技展览会，聚焦学习子任务寻找"远古馆讲解员"；创设语文实践活动，渗透单元语文要素——"阅读时能提出不懂的问题，并试着解决"，整合"交流平台"的学习内容，拓展科学、美术学科领域知识，将阅读策略、语言表达和跨学科学习统整在学习大情境中，激发学生探索科学的兴趣。

【学习者分析】

学生对科学奥秘兴趣盎然，但科学知识有限，科学思维尚处于萌芽阶段。他们对科学世界充满好奇和疑问，能运用四年级上册阅读策略单元提问的方法，提出不懂的问题，对解决问题的方法虽有模糊的概念，但缺乏科学的方法。教师需要对学生进行点拨，引导学生在真实情境中形成解决问题的能力，让其丰富科学知识，锻炼科学思维，培养其探寻科学奥秘的能力。

【学习目标及重难点】

（1）学习"推测"的科学思维方法，能有条理地讲解琥珀形成的过程。（重点）

（2）能简明扼要地讲述恐龙飞向蓝天的演化过程，制作"恐龙演化图"。（重点）

（3）学习通过查找资料、联系上下文、结合生活经验、请教别人等方法来解决阅读中的问题，激发探索求知的欲望。（难点）

【学习评价设计】

学习评价设计见表15。

表15

描述	十分符合	基本符合	不符合
我知道推测是有依据的，并能找出相关的句子			
我积极参与小组研学，积极想办法解决问题			
我能清楚地讲述琥珀的形成过程和恐龙飞向蓝天的演化过程			

【学习活动设计】

板块一：从问号出发，快乐求知

1. 看图质疑，激发求知的欲望

（1）出示三张动态图片：苹果从树上掉下、沸腾的水、锯齿状的叶子。

（2）学生看图提出问题。

（3）简述牛顿发现万有引力、瓦特发明蒸汽机、鲁班发明锯子的故事。

2. 明确任务

寻找"琥珀讲解员"和"恐龙演化讲解员"。

活动意图说明：学贵有疑，疑则有进。教师通过图片引发学生好奇质疑，通过故事阐明科学创造诞生于一个个问号的道理，激发学生求知的欲望，为课堂学习做好情感铺垫。

板块二：品"推测"妙用，读思并进

1. 紧扣关键问题，一线穿珠

为什么"从那块琥珀，我们可以推测发生在几万年前的故事的详细情形"？

2. 渗透解疑方法，圈画句子

（1）查找工具书，理解"推测"的意思。（根据已知的条件来想象不知道的事情）

（2）联系上下文，找出关键句。

用"＿＿"画出描写琥珀的句子，用"～～～"画出表示推测的句子。

（3）全班交流找到的句子。

3. 寻找推测依据，小组研学

（1）查找资料，读《琥珀物语》阅读链接，提炼琥珀形成的三个关键条件：漫长岁月、泥沙掩埋、高温高压。

（2）观看科学视频《神奇自然》片段，了解琥珀的形成过程。

（3）请教别人，小组合作完成下图（图3）。

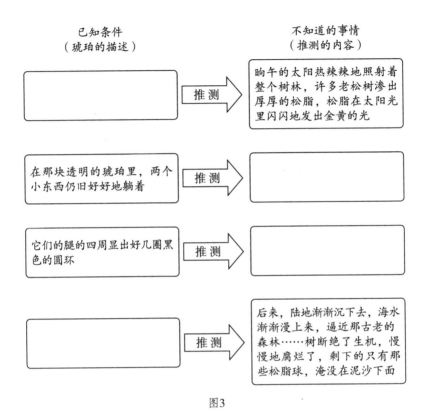

图3

（4）汇报填写内容，相机学习结合生活经验的解疑方法。

（5）男女生轮流阅读表格内容，理解"推测"的现实依据。

（6）结合"语文园地"交流平台，小结解疑方法。

4. 运用推测方法，学以致用

（1）根据预学单任务，小组合作研读《飞向蓝天的恐龙》。

① 画出推测的句子和已知内容。

② 借助图表梳理内容。

（2）借助图表讲解恐龙变成鸟类的演化过程，并制作成"恐龙演化图"（图4）。

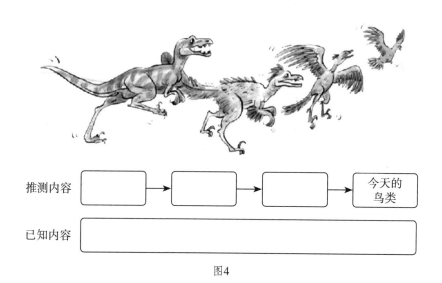

推测内容 □ → □ → □ → 今天的鸟类

已知内容 □

图4

活动意图说明：本环节抓关键问题，通过具体的语文实践活动，让学生既感受了"推测"的科学性，又学习了解决问题的方法。学生在阅读感悟、思考探究、小组合作中提升语文综合素养。本环节既让学生深入理解了巧妙穿插的阅读材料和视频，又丰富了学生的科学知识，使学生实现了跨学科学习。

板块三：讲"琥珀"形成，妙趣表达

1. 以时间为轴，厘清琥珀的形成过程

（1）圈画琥珀形成过程的关键词。

预设：太阳、老松树、松脂、蜘蛛、苍蝇、陆地沉、海水漫、淹没泥沙。

（2）引导学生从文中找出与时间有关的词语，结合找到的关键词，填写图5，厘清琥珀形成的过程。

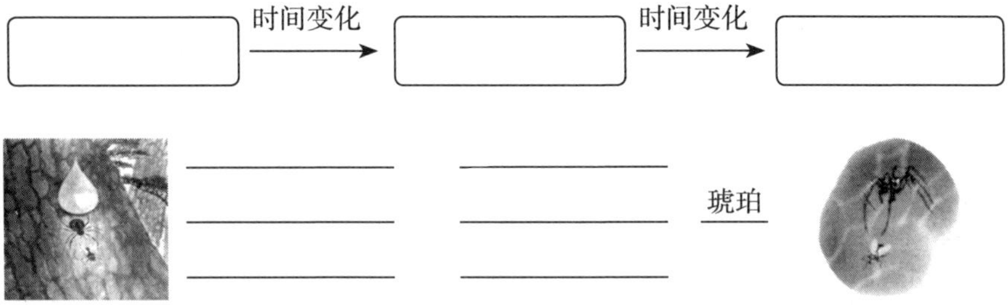

图5

（3）借助图5，练习讲解琥珀形成的过程。

2. 为"琥珀"代言，寻找最佳"琥珀讲解员"

（1）小组内轮流讲解琥珀形成的过程，推选代表汇报。

（2）指名汇报，评选最佳"琥珀讲解员"。

活动意图说明：创设寻找最佳"琥珀讲解员"的语言运用情境，引导学生开展积极的语言实践，培养语言文字运用能力，提升语言表达能力。

【作业布置】

作业超市

1. 选择一种方式演示琥珀的形成过程或恐龙飞向蓝天的演化过程，可以是绘制连环画、制作PPT或制作动画视频。

2. 阅读关于恐龙的书籍，制作"恐龙卡片"。

推荐书目：《恐龙大世界》《恐龙星球》《趣味科普立体书——恐龙》《恐龙百科》。

恐龙卡样例：

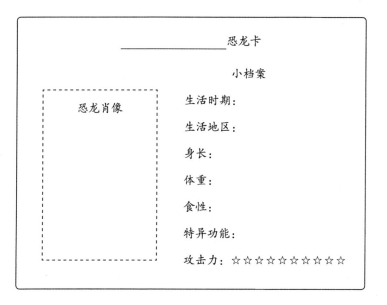

3.尝试借助恐龙卡片，讲解恐龙演化的过程。

作业意图说明：课内学习拓展延伸课外，继续激发学生对科学世界的热情，同时将信息科技、美术和综合实践活动结合起来，让学生动手动脑，继续开展跨学科学习。

【板书设计】

（六）反思与讨论

1. 情境性与驱动性

本案例设计与学生的现实生活链接，基于本学期开展的第六届科创阅读节的真实情境，设计了开展"神奇的力量"科学展览会这一任务，以展览会的"远古馆""当代馆""未来馆"三大展馆的策划及展览为线索，设计学习活动，搭建跨学科学习任务群，驱动学生对统编版四年级下册第二单元的学习。真实的学习情境能真正点燃学生的探究热情，将学习的重点从教师的"教"转变为学生的"学"，突出学生的主体地位。以学习任务群助推学习的真实发生，有利于转变教学方式，形成清晰的任务驱动性课堂。

2. 综合性与实践性

本单元的学习活动以语文学科为主，融合了科学、数学、美术、音乐、信息科技、道德与法治等学科，实现跨学科学习，具有一定的综合性。学生在对"远古馆""当代馆""未来馆"三大展馆的策划、筹备和展览交流过程中，综合能力得到锻炼和提升。完成跨学科学习任务时，开展合作学习，不仅提高了学生的学习能力，也进一步锻炼了学生的团队协作能力、交际能力等，使学生综合素养得到发展。

3. 基础性与开放性

虽然是跨学科学习，但本案例是基于统编版教材的单元内容进行设计的，有利于强化语文基础知识的落实，即注重基础知识、语言经验的积累，为学生夯实了字词句、课文朗读等方面的基础。在此基础上，本案例将单元作为一个整体，对相关教学内容和资源进行整合、删改和补充，设计了"推选展览会讲解员"、绘制恐龙卡、绘制恐龙演化图、为"科技小博士争霸赛"设计问答卡等学习任务，具有一定的开放性。

（本案例感谢杨美滨、林爱芬、王燕香、陈桢慕、金露老师的通力合作）

171

第 五 章

科学评价，让学习把握精准的向度

　　课程评价在教学中具有重要的导向作用，既是促进学生学习的重要手段，又是诊断、调控、引导课堂教学的重要工具。新课标明确指出："语文课程评价包括过程性评价和终结性评价。过程性评价贯穿语文学习全过程，终结性评价包括学业水平考试和过程性评价的综合结果。"为了建立更加科学、规范的评价体系，新课标特别增加了学业质量标准和考试命题建议，促进了"教—学—评"一致性的有效落地，有力地推动了基于核心素养的课程评价的整体实施。

一、理论的高度——新课标所倡导的评价理念

　　新课标在"课程理念"的第五条指出，"倡导课程评价的过程性和整体性，重视评价的导向作用"，具体内容是：义务教育语文课程标准要有利于促进学生学习，改进教师教学，全面落实语文课程目标。课程评价应准确反映学生的语文学习水平和学习状况，注重考查学生的语言文字运用能力、思维过程审美情趣和价值立场，关注学生学习过程和学习进步。根据不同年龄学生的学习特点和不同学段的学习目标，选择恰当的评价方式，抓住关键，突出重点，加强语文课程评价的整体性和综

合性，注重评价主体的多元与互动以及多种评价方式的综合运用，充分利用现代信息技术促进评价方式的变革。以上这段话，我们可以从五个维度来解读。

1. 评价的价值

传统的课程评价多采取考试的方式，通常是对学生的学习成绩进行评定，多用于评优、评先。而新课标，它的评价价值主要是促进学生的"学"和改进教师的"教"，以核心素养为导向，实现评价的育人价值。

2. 评价的内容

以纸质测评为主的评价，主要考查学生语文知识的记忆和理解，还有语文技能的一些运用，这些知识和能力通常是孤立的。而新课标强调评价的整体性和综合性，我们除了评价学生的语言文字应用能力外，还要关注学生的思维过程、文化审美以及价值观，评价的内容是全面而立体的。

3. 评价的位置

以往我们会把评价放在教学活动的最后，要么是一节课的最后，要么是一个单元学习的最后，要么是一学期的最后，充其量就是一次终结性评价。而新课标倡导的评价更关注的是过程性评价，评价贯穿于学习活动的全过程。

4. 评价的主体

评价的主体就是由谁来评价，以往多指向教师、教育管理者。新的课程理念将评价的主体变得多元化了，评价主体可以是教育管理者、教师，可以是家长、社会人员，也可以是学生。

5. 评价的方式

长期以来，纸笔测试几乎在评价中"一家独大"。新的课程理念要求评价指向学生的核心素养，于是评价的方式就变得多元化了，除了纸笔测试外，还可以是问卷调查、访谈、教学观察、对话交流、汇报展示、成长记录袋等。

此外，新课标中有很多部分是关于评价的内容的，如"学业质量"部分的"学业质量描述"、"课程内容"部分各个学习任务群当中的"教学提示"、"课程实施"部分的"评价建议"等，这些内容都从不同的侧面落实了新课标的评价理念。

二、操作的精度——学业水平考试的课标解读

新课标指出：学业水平考试的目的主要是通过学生的学业质量表现检验学生在义务教育阶段结束时核心素养的发展水平，为高一级学校招生录取提供依据，为评价区域和学校教学质量、改进教学提供参考。从中看出学业水平考试最终的目的是评价教学质量、改进教学。以往，我们关注的大多是学习结果，而现在我们既要关注结果，更要关注过程，把评价嵌入学习的整个过程，让评价成为学习的一部分。因此，我们要把学业水平考试的目的定位在命题、考试、检查、诊断、反馈、激励这一系列的功能的发挥上。

新课标就学业水平考试的命题原则提出了三个坚持：①坚持素养立意。也就是说，要全面考察学生文化自信、语言运用、思维能力、审美创造整体的发展水平。②坚持依标命题。新课标特别增加了"学业质量"部分，解读了学习质量的内涵，并对每一个学段的学业质量的标准进行了描述，我们要依据学习质量标准进行命题。③坚持科学规范。以往的考试，教的不一定是考的，考的也不一定是教的，现在我们要确保测试目的、内容、标准的一致性。

新课标还指出命题规划要从内容范围、水平标准、考试形式、试卷结构等方面去综合考虑；对命题要求也做出了具体的阐述，如"命题应以情境为载体""命题材料的选取要具有时代性、典型性、多样性""问题或任务是题目的主体部分""题干设计应规范"等。总的来说，学业水平考试的命题要重点关注以下三点。

1. 关注考点

在研制考试评价工具和试题时，一方面，我们要从注重考查学生记忆、理解的结果转向注重考查学生思考过程、探究过程和做事过程所反映的思维发展水平；另一方面，要体现试题的开放度和综合性，注重考查学生提出问题、形成问题解决方案和评价问题解决策略的素养。总的来说，我们要把思维和素养作为教与考的重要内容。

2. 统筹安排

强化考试评价与课程标准、教学的一致性。我们在教学实践中积极促进"教—学—评"一体化，依据新课标的目标要求，结合具体的教学任务，对"阅读与鉴赏""表达与交流""梳理与探究"等实践活动，进行某一方面有针对性的考查，或者是对学生整合知识能力进行综合性考查。无论是对教学活动，还是对考试命题，我们都要做到心中有数，从全局出发，统筹安排各个教学活动，并根据教学活动的指向性设计各种命题，检测学生的学习效果，最后以测试的结果作为评价教学质量、改进学习方法和教学方法的重要参考。

3. 强调运用

语文是一门综合性、实践性很强的课程。不管是在教学过程中还是在学业水平考试中，我们都要创设情境，通过任务驱动，整合四类语文实践活动，让学生在日常生活、文学体验、跨学科学习三类语言文字运用情境中习得语言、运用语言。其中，我们设计的学习任务要有典型性，能涵盖各个实践活动，能够覆盖多样的文化，让学习情境更真实、更有意义。这样，我们就能命制出指向核心素养的科学规范的学业水平考试试题了。

三、理解的深度——过程性评价的特点和原则

关于"过程性评价"，新课标是这样表述的："过程性评价重点考查学生在语文学习过程中表现出来的学习态度、参与程度和核心素养

的发展水平，应依据各学段的学习内容和学业质量要求，广泛收集学生的课堂关键表现、典型作业和阶段性测试等数据，体现多元主体、多种方式的特点。"从"学习过程中"这个表述可以看出，"过程性评价"贯穿于学习的始终；从"学习态度、参与程度和核心素养的发展水平"可以看出，过程性评价不再是对表层知识的掌握和单项技能的运用的评价了，而从整体性和综合性来进行全面的衡量；从"多元主体、多种方式"可以看出，评价的途径和方法是创新和开放的。在过程性评价实施过程中，我们要坚持以下几个原则。

（一）强调导向

长期以来，在广大一线教师的意识形态中，课程评价意味着考试、分数、等级、排名等，他们没有关注到评价的诊断、导向、督促、激励等多重功能。其实，学生需要的不仅仅是一个数据化的考量，更需要一种激励和促进自我提升的方法途径。因此，新课标强调要发挥过程性评价的导向功能，重在"有效促进"而非"准确判断"，教师要有意识地发现学生的特点及问题，提出有针对性的指导意见。此外，教师要根据评价结果反思日常教学的问题和不足，调整教学策略。

（二）整体推进

新课标在课程目标、课程内容、学业质量等各个部分、各个层面，都为我们提示了课程评价的相关内容、方式及途径等。我们在教学实践中要厘清结构化、序列化的评价思路，在内容维度上要紧扣"学习任务群"，根据各个任务群的定位和功能，统筹好彼此之间的渗透、融合、衔接及延伸；在评价方式的维度上要围绕"文化自信""语言运用""思维能力""审美创造"，关注学生参与语文实践活动的整体表现，特别是沟通、合作和创新能力的发展。

（三）走向多元

过去的教学评价习惯于自上而下的权威式定论，学生是没有话语权和评价权的被评价者。新课标旨在扭转这种评价模式，强调要使评价的主体走向多元化，要充分尊重学生的主体地位，关注学生在兴趣、能力和学习基础上的差异，引导学生开展自我评价和相互评价。鼓励学校管理人员、班主任、家长等参与过程性评价，从而增强评价的活跃度，提高评价的实效性，这也是对"以人为本"的"多元发展智能理论"的有力呼应。

（四）整合方式

纸笔测评拘泥于学科本位，关注零散的知识点及孤立的技能的掌握，这种"以考代评"的评价制度，无法真实、客观地反映学生的综合素养。新课标倡导引入多样化的评价方式，可通过现场观察、对话交流、合作讨论、小组分享、自我反思、问卷调查、成长记录袋等多种方式，收集和整理学生语文学习的过程性表现，还可以通过信息技术手段丰富评价资料搜集和分析的途径。

（五）注重拓展

过程性评价要拓宽评价视野，倡导学科融合。联结课内与课外、学习与生活，着重考查学生在真实环境中表现出来的核心素养。

四、视野的广度——过程性评价主要表现形式

（一）课堂教学评价

新课标指出：课堂教学评价是过程性评价的主渠道。教师应树立"教—学—评"一体化的意识，科学选择评价方式，合理使用评价工具，妥善运用评价语言，注重鼓励学生，激发学生积极性。根据新课标的指导精神，我们在课堂教学评价中要注重以下三"用"。

1. 善用评价语言

新课标倡导：评价语言，要注重激励与激发功能，使评价真正促进学生的持续发展。评价不仅要关注结果，更要关注过程；不仅要关注共性，更要关注个性；不仅要关注学业成就，更要关注学生在学习过程中情感、态度和价值观的形成。只有把握好评价用语的度，才能真正带动学生认识自我、建立自信，促进其发展。科学、有效的评价用语要注意

以下三"性"。

（1）激励性

一个人如果受到正确而充分的激励，能力就可以发挥80%~90%，甚至更多。由此可见，教师的赏识具有神奇的激励功能。教师如何让评价语言直达学生的心田呢？情先行，言必诚。教师的评价一定要发自内心，让学生感受到教师的真诚。例如，一个平时表现比较一般的孩子，他在课堂上提出了一个有价值的问题，教师马上走上前，握住他的小手，真诚地赞叹："你有一双慧眼，你发现了别人发现不了的问题，真了不起！"受表扬的学生会更加愉悦和积极地投入接下来的学习。激励性的语言还要注意富有变化，如表扬学生回答问题很出色，或者朗读很有感情，不能老用"你真棒"，我们可以这样动情地说："你讲得有理有据，简直就是一个思想家！""你的朗读让老师深深地陶醉其中呀！"听到这样的评价语言，学生一定会备受激励。

（2）针对性

课堂上，当学生回答问题或根据要求展开学习活动时，教师要对学生进行评价指导。例如，在语文课堂的朗读指导环节，我们经常遇到这样的情况——当某个学生朗读课文后，教师会夸奖"你真会读书，其他学生也学着他的样子读一读这一段吧！"或"你读得真好""你读得很有感情"等，这样的评价对这个学生今后的朗读能带来多大的作用呢？示范后对其他同学的启发有多大呢？我们还能对其深究：他读得好在哪里？能不能做得更好一些呢？再如，在标点的停顿、语速的快慢、语气的把握、情感的体现等方面，我们可以对学生进行有针对性的评价、引导，这样，学生的朗读水平一定会有更大的提升空间。

（3）引导性

在教学中，我们也应该意识到：赞美是个双刃剑。在课堂教学中，有些教师一味强调赏识教学，而盲目地对学生进行赞赏，导致"你真棒""你真了不起"等赞美语言泛滥成灾，使学生感到教师的评价不具权威性，缺乏信服力。其实，当学生的理解出现偏差时，教师可以用委婉的方式提醒学生重新思考问题，并且适当给予指导。例如，在评价学生书写时，教师说："××同学写字有了很大进步，但你的字如果能写得更有力量些，老师就更满意了！"在评价学生朗读时，教师说："××同学的朗读吐字清晰、声音响亮，如果能读出又惊又喜的语气那就更好了！"这样的评价语，既激发了学生的学习热情，又暗含了教师对他们提出的更高要求，能够激励学生不断进步。

2. 巧用评价量表

评价量表是一种真实性评价工具，可对学生的作品、成果、行为、表现进行评价或等级评定。它能帮助教师评价学生的学习作品、学习过程和学习成就等方面的学习表现，特别适用于表现性评价。评价量表还能帮助学生明确学习任务、聚焦学习目标，清楚自己的优缺点和努力方向，从而提高自我评价能力。例如，统编版教材五年级下册第一单元的习作教学"那一刻，我长大了"。这次习作要求学生写一件自己成长过程中印象最深的事情，把事情的经过写清楚，把感到自己长大了的"那一刻"的情形写具体，记录当时的真实感受。教学中，我借助支架，引领学生通过自主探究、合作交流的方式推进"回忆历程""捕捉瞬间""聚焦细节""吐露真情"几个环节的教学活动，最后让学生完成评价量表（表1），并结合评价量表中教师、同学给出的评价意见，修改和完善自己的习作。

表1

评价项目	自评	互评	师评
内容是某一刻感觉自己长大了（学会什么）	☆ ☆ ☆ ☆ ☆	☆ ☆ ☆ ☆ ☆	☆ ☆ ☆ ☆ ☆
运用多种手法把"那一刻"写具体（所见、所闻、所做、所感）	☆ ☆ ☆ ☆ ☆	☆ ☆ ☆ ☆ ☆	☆ ☆ ☆ ☆ ☆

续 表

评价项目	自评	互评	师评
写出了当时的真情实感（能打动别人）	☆☆☆☆☆	☆☆☆☆☆	☆☆☆☆☆
教师或同学给出的修改意见			

虽说评价量表最后才呈现给学生，其实早在教学设计之前教师就必须对它了然于心，并根据它的预期成果及各项评价标准来组织每个教学活动。评价量表不仅是对学生学习成果进行检测的工具，更是一个牵引方向和指导策略的学习工具。例如，在第三个教学环节"聚焦细节"中，我创设"电影中的慢镜头"这样的学习情境，引导学生聚焦"那一刻"的细节：我看到了什么？我听到了什么？我想到了什么？我说了什么？我做了什么？这个环节的设计就是从评价量表的评价项目中引发出来的，教学活动也是紧扣这个评价标准来实施的。通过评价量表，学生清清楚楚地写、明明明白地评、踏踏实实地改。

3. 活用评价方式

实践证明：多元化的评价能增强学生的学习动机，增加学科魅力，让学生更积极主动地参与课堂学习，还可以培养学生的自学能力，激发其学习潜能，使其发挥自身特长，获得长足的进步。如何灵活运用各种评价方式来助力学生的学习呢？下面通过几个常用而有效的评价方式进行浅析。

（1）通过预学单进行评价

我们在课前可以让学生通过预学单对即将学习的内容进行自学。例如，在统编版语文四年级下册第八单元的教学中，我们通过以下预学单让学生先进行自学，让学生对整个单元的学习任务有个整体的了解，为接下来的学习打好基础。

"四年级下册第八单元"预学单

班级：_____　　　学习者：_____

任务	学习目标	自我评价
忆一忆	在本单元之前，我们已经学过或者读过了不少童话故事，我最喜欢的童话故事是_____，因为_____	☆☆☆☆☆
读一读	本单元有_____、_____、_____三篇童话。初读课文，结合以前阅读童话的经验，我觉得童话之美，美在这些地方：_____	☆☆☆☆☆
认一认	认真读一读本单元课后双行线里的会认字，把自己不熟悉、读不准的字抄写下来，并加上拼音	☆☆☆☆☆
写一写	把本单元田字格里的生字按照结构的不同进行抄写，把相同部首的字写在一起，把你容易写错的字用红笔描一描。 左右结构： 上下结构： 其他结构：	☆☆☆☆☆
抄一抄	抄写课本词语表里第26、27课的词语，把写错的词语圈出来并改正	☆☆☆☆☆

教师通过预学单，让学生对学习内容有一个预先准备，也可以对学生的课外表现有个大概的判断，由此调整教学方式。

（2）通过设计活动或者完成任务进行评价

教师通过活动观察、汇报展示、朗诵表演等活动方式，检测学生的学习情况。例如，在统编版教材语文六年级上册第六单元的学习中，结合单元的人文主题"保护环境"，我让学生策划一个"绿色卫士在行动"志愿者活动，并引导学生通过调查报告、朗诵演讲、编排小品、制作视频等方式展示学习小组活动的活动设计及学习成果。在整个活动过程中，教师评价和学生互评相结合，既激发了学生参与活动的积极性，又拓宽了学生学习的深度和广度。

（3）通过辩论的方式进行评价

语文是一门综合性和实践性非常强的课程，与生活息息相关，而生活中很多问题都具有两面性，值得探究。在语文课堂就某个具有争议性的问题，列出正反两方的观点让学生进行辩论，是有效评价的又一种好方式。例如，在"阅读与鉴赏"和"表达与交流"的实践活动中，学生经常会产生一些思辨性或批判性的问题，我们可以以学定教，组织一场辩论赛，如"网络利大于弊，还是弊大于利""不可以说谎/可以讲善意的谎言""电脑时代需要练字/电脑时代不需要练字"等，让学生去查阅资料、准备素材、阐述观点、倾听发言、努力辩驳。在这个过程中，真理越辩越清晰，学生的语言能力、分析能力、组织能力、思辨能力也能得到很好的发展。最后，由教师和同学们对辩手的表现做出评价，并提出改进的建议。

（4）通过手抄报的形式进行评价

把学习的内容设计为一个开放的主题，如统编版教材六年级下册第一单元的人文主题是"民风民俗"，我们就让学生以"独特的风俗"为主题，以小组合作的方式设计一份手抄报，事前把评价标准告知学生，让学生既清楚如何去做，也明确如何去评。手抄报汇总后，教师可以安排时间把手抄报摆放在教室中间拼起来的桌子上，让学生自由欣赏并评选出最好的作品，最后教师总结归纳。

（5）通过"成长档案袋"的形式评价

建立学生"成长档案袋"，收集和整理学生语文学习的过程性表现，如对学生日常写字、读书、习作、讨论、汇报展示、课本剧表演等方面的材料予以归档整理，作为学生学习过程的见证。这不仅能反映学生的情感、态度及各方面能力，更能反映学生的努力和进步，以学生为中心，激发他们的学习动机。教师借助"成长档案袋"，通过自评、互评、师评等方式为学生制定更高层次的学习目标和提供有价值的参考，促进学生不断反思、不断进步。

总之，课堂评价不应该仅仅理解为教师对学生的单向活动，生生之间、小组之间的多向、立体、互动的评价更能调动学生学习的积极性。

例如，在习作教学中，我们可组织习作自评、互评、互改、组内评议、集体点评等活动，通过学生互评互议，营造各抒己见、张扬个性的和谐、民主的课堂氛围，以达到激发学生学习积极性和提高学生自信心的目的。课堂评价不限于教师的口头评价，还可以通过更多的体态语言来达到评价的目的，生成灵动的语文课堂。课堂中经常用的体态语言包括表情、手势、眼神等。教师的一个微笑就可以温暖学生一节课。我们也可以顺势走过去抚摸学生的头，给他以安慰，保护学生的自尊心，使他感受到亲情一般的师爱。而更多的时候，我们可以用眼神跟学生进行交流和评价，让每一名学生都感到自己是教师的注意中心，促使学生怀着更饱满的精神去探求新知的奥秘。

（二）作业评价

新课标提出："作业评价是过程性评价的重要组成部分，作业设计是作业评价的关键。教师要以促进学生核心素养发展为出发点和落脚点，精心设计作业。"可见，作业设计对教学评价乃至整个教学过程具有举足轻重的作用。特别是"双减"政策出台以来，作业设计成为教育教研活动重点探讨的一个问题，也是教学改革的一个热点、难点问题，我们也来谈谈有关作业设计的那些事。

1. 作业设计的基本原则

（1）落实课标

新课标强调以素养为导向，凸显学生主体地位，关注学生个性化、多样化的学习和发展需求，并从优化课程内容结构、研制学业质量标准、实现"教—学—评"一致性、加强学段衔接等方面提出了突破性的指导意见。因此，我们在教学和评价工作中，也要顺应新课标的课程理念，注重语文课程的综合性与实践性，引导学生在真实的语言环境中，通过一个个富有情趣的实践活动，积累语言、运用语言。一句话，作业完成的过程就是教学任务完成的过程。

（2）关注学情

小学语文学科作业是帮助学生建立新旧知识经验联系、延伸与拓展课堂教学、练习和巩固所学知识、提高听说读写能力、掌握学习策略、落实学科教学目标、提高核心素养的重要保证，因此，充分了解学生已有的知识架构、能力储备、认知水平、能力兴趣等对于作业设计来说尤为重要。作业设计应建立在"以学生为中心""以认知为基础""以兴趣为立场"等理念的基础上。

（3）依托教材

现行统编版教科书的编排，不管是从每册的纵向联系，还是从单元的横向推进来说，都体现了序列化、梯度化的编排特点。因此，在作业设计的过程中，我们应用好教科书，用好教科书里的"单元导读""课后题""语文园地"等各个板块来策划我们的作业形式与作业内容，让我们的作业更具科学性与系统性。

（4）创新思路

随着新课标的各项改革与创新，我们进行作业设计时也要创新思路，在大情境、大任务的驱动下，通过主题统整、创设情境、任务驱动、变革方式、提供支架、成果展现等多种途径来规划好各个阶段的作业评价。跟教学活动的进阶性相匹配，作业评价也包括课前的前置性作业、课中的探究性作业以及课后的拓展性作业，它们是一个结构化、系统化的有机整体。不管是哪个阶段的作业设计，我们都既要注重基础性、趣味性、整体性，又要兼顾实践性、开放性、探究性，为提升学生的核心素养综合发力。

2. 作业设计与"减负增效"

作业设计是教师基本功和专业素养的综合体现，作业设计的优劣与教学质量的好坏是一脉相承的。教学的过程离不开作业的全程参与，在"双减"背景下，作业设计如何做到"减负增效"？这是新时代、新课改给教师的一份考卷。我们尝试从以下四方面完成这份考卷。

（1）关注指导，让学习在发生

作业渗透于教与学的整个过程，不管是课前、课中，还是课后，教学活动都离不开作业的全程参与，正如前面我提到的"作业完成的过程就是教学任务完成的过程"。我们要根据学习目标及年段要求，将作业纳入学习活动设计之中，统筹安排各项活动的系统推进，以作业设计（学习任务）来推动学生学习的进程。

统编版教材五年级下册第五单元的人文主题是"字里行间众生相，大千世界你我他"。从单元整体目标出发，以结构化的学习为基本思路，在作业设计的时候，我做了以下的统筹安排：在课前预习阶段，我通过"故事人物初印象"作业单，引导学生自学单元课文，概括故事人物的主要特点，并简单说说从课文中哪些地方体现出人物的这些特点（理由），让学生对单元学习的内容有个整体的感知；在课中探究阶段，我先通过"走近人物细琢磨"作业单，引导学生学习通过"典型事例""细致刻画""侧面描写"等描写人物的基本方法，由扶到放，以"人物特点我来写"作业单为指引，让学生运用学到的基本方法去写写身边的人；在课后拓展阶段，则引导学生走进广阔的文学世界，在课外阅读中感受形形色色的人物形象，并以作业的形式，布置学生开展一次"喜爱人物我来评"主题活动，让学生广泛交流阅读感受与收获。

整个单元的学习，在不同的阶段和环节，通过不同功能的作业单，支持和引导学生有序而深入地学习，促进"教—学—评"一致性的有效推进，体现了学习整体性、内容结构化、运用综合性等作业设计的基本理念。

（2）强调实践，让素养可落地

知识和技能是基础，素养才是学习的最终目标，从知识技能到形成素养必须经历学习实践活动，即语文实践活动是形成语文核心素养的必经之路。机械重复的记忆和训练，难以将知识和技能转化为素养，我们要引导学生通过多元化的实践活动，将知识与技能进行消化、吸收、转化、升华，最终形成语文素养。作业是实践活动的重要载体，作业设计要引导学生在提出问题、分析解释、推理判断、讨论交流、实践验证、形成成果等过程中进行学习探究。例如，学习了五年级上册第三单元课文《牛郎织女》后，为了落实单元的阅读训练要素"创造性地复述故事"，我设计了这么一项实践性作业：举办班级创意故事会——每个小组推荐一个选手，选择一个创新点来复述《牛郎织女》这个故事。首先进行的是小组赛，由各个小组自行组织和评选，然后推出一名选手代表小组参加班级赛，其他组员则一起帮忙备赛。任务布置下去后，各个小组的学习伙伴们纷纷行动起来，他们讲述故事的角度五花八门，有的以织女的口吻讲述故事，有的以牛郎的口吻讲述故事，有的以老牛的口吻讲述故事，甚至有的以王母娘娘的口吻讲述故事；他们讲述故事的方式也让人惊喜不断，有的给故事增加了合理的情节，有的演绎了人物的对话，有的变换了情节的顺序，有的增加了道具与动作……这项作业以学生为主体，以实践为突破，在自主探究、合作交流、对比展示中，学生的语言运用能力、组织协调能力、创新思维能力等得到了很好的锻炼。

（3）创新方式，让作业更有趣

兴趣是最好的老师，它可以使人集中精力去获取知识，并创造性地完成当前的任务。创新作业方式，激发学生的参与兴趣，是高效作业的有效途径。作业创新的方式很多，作业形式、作业内容、作业过程、作业评价等各方面都可以大做文章，我们要从学生实际出发，结合年段要求和教材内容，用心去设计和实施。下面跟大家分享几种创新方式。

第一，带入情境。让作业融入生动、真实的情境之中。统编版教材五年级下册第四单元安排的课文都是革命题材的，由于离学生生活的年代比较久远，学生对当时的时代背景没有深入的了解，在体会人物形象与情感认同上会存在较大的困难。我们可以设计这样的情境作业——为革命烈士颁发"感动中国"奖项，请选择其中一位，为他致颁奖词。在这个作业的驱动下，学生不仅要认真学习课文中的内容，还要广泛搜集课外的相关资料，为写颁奖词做充分的准备。当在扣人心弦的音乐声中念着自己所写的颁奖词时，学生必将心绪穿越时空，恍若置身革命年代，对英雄们的崇敬、感谢及赞美之情会令大家为之动容。

第二，项目推进。以项目推进的方式来推动作业的完成，让作业更具趣味性和挑战性。统编版教材四年级下册第八单元，以"奇妙的童话，点燃缤纷的焰火，照亮我们五彩的梦"为人文主题，编排了《宝葫芦的秘密（节选）》《巨人的花园》《海的女儿》三篇课文。在学习时，我们可以设计这样的项目推进式作业：①讲童话，将文中的童话故事讲给家人听；②搜童话，搜集更多你喜爱的童话故事；③展童话，以画画、采访、论坛、手抄报、童话剧等形式进行"童话专场"成果展示。这是一种聚焦学生体验与表达的项目推进式作业，在项目参与中激活学生内在的潜能，让作业更有意义、更具价值。

第三，深入体验。在真实的情境中，去感知、领悟知识是最好的学习途径。统编版教材四年级上册第三单元的语文要素如下：①体会文章准确生动的表达；②感受作者连续细致的观察，进行连续观察，学写观察日记。为了进一步落实语文要素，在学习课文后，我给学生布置了以下作业任务：①议一议，除了课文后面资料袋的记录形式，我们还可以用什么方式做观察记录？②选择自己喜欢的一种动植物进行连续观察，把观察所得用自己喜欢的方式记录下来；③整理记录，编撰成富有创意的观察日记。这样的体验式作业，将学生从书本引向生活，让学生在全身心的投入中，在完成作业的同时，提升自己的语文能力和实践能力。

第四，学科融合。新课标强调语文课程要用不少于10%的课时进行跨学科学习，让学生在学科整合中开阔视野，提升综合素质。统编版教材三年级上册第三单元安排的古诗和课文都与"秋天"有关，因此，我设计了这样的作业：①画一画，用画笔描绘一下你眼中的秋天；②做一做，用秋天的落叶制作手工作品；③诵一诵，朗诵有关秋天的诗歌；④说一说，有关秋天的节气、秋天的食物等；⑤写一写，我与秋天的故事。于是，学生乐此不疲地投入这样的作业中，或三五成群地搜集落叶，或埋头画图、动手制作，或跟同学分享秋天的美食……这样的跨学科作业，让语文与科学、美术、劳动等相融合，发展了学生的观察能力、获取信息的能力、操作实践能力、与他人沟通的能力等，使学生的个人素养得到了全面的提升。

（4）注重拓展，让视野更开阔

阅读对于语文课程的学习，乃至一个人的终生发展所产生的重要影响，大家都很清楚。然而，语文教材却远远满足不了学生阅读的需求，我们要鼓励和引导学生多读课外书，并根据学生的年龄和认知特点，结合教材内容，从中外各类优秀作品中选择合适的读物，向学生补充推荐。例如，学习了五下第七单元有关世界各地的自然风光及人文景观后，我给学生布置了以下三类阅读任务：①读文，给学生推荐朱自清的《威尼斯》、乔治·桑的《威尼斯之夜》、卡雷尔·恰佩克的《海国风情》（万世荣译）、朱自清的《欧洲印象》、穆青的《金字塔夕照》等经典美文；②"读"图，让学生搜集并欣赏世界各地的风光摄影、风景名画、图片等；③"读"影像，推荐学生看电影《阿拉伯沙漠》及纪录片《世界遗产在中国》，为学生打开更广阔的了解世界的窗口。当然，光靠推荐阅读内容还不行，我们还要以作业的形式为学生布置阅读任务，如举行班级读书会、制作主题手抄报、绘制人物关系图、制作情节地图等，通过丰富多彩的读书分享活动，引导学生爱阅读、会阅读，在阅读中开阔视野，提升自身的综合素养。

高质量的作业设计与实施，对于增加学习兴趣、巩固学习内容、减轻课业负担、发展学习能力、培养学习习惯都有重要的作用，是提质增效、落实素养的关键点和突破口。我们要不断开展深度研究，积极催生更多丰富的、灵动的，更能适应教育改革发展需求的作业设计与实施成果。

（三）阶段性评价

新课标明确指出：阶段性评价是在教学关键节点开展的过程性评

价，旨在考查班级整体学习情况和学生阶段性学习质量，是回顾、反思和改进教学质量的重要依据。进行阶段性评价要注意以下几点。

1. 要巧妙把握评价时机

抓住"教学关键节点"进行阶段性评价，如可以紧扣具体的能力指向，在完成主题化学习的基础上，针对某个能力维度开展阶段性评价；在学期间的转换或学年间的升级，依托教材的人文主题和语文要素，学期或学年训练点、能力点，提炼评价要点；在学段间的衔接点，参照对应的学段要求，结合学段的课程内容，综合学习内容的横向联系和纵向联系，选择适当的评价手段。比如，统编版教材围绕"复述"能力，按照低、中、高三个学段分别设置了完整性复述、简要性复述、创造性复述三个训练要素，我们可以在每个学段的系统化学习之后，使用不同的评价方式进行评价；也可以在五年级学习了"创造性复述"之后，针对"复述"这一具体的能力指向开展阶段性复述。

2. 要合理运用评价手段

评价手段有纸笔测评和综合性学习任务两种。以纸笔测评为主要的阶段性评价，不能为评价而评价，更不能将阶段性评价异化为简单的考试和机械的刷题，要摈弃传统的以分数定高下的评价动机，将阶段性评价与日常教学有机融合，使评价成为教学的重要组成部分。比如，新课标在第二学段"阅读与鉴赏"维度目标的第三条提出："学习圈点、批注等阅读方法"。这一目标与统编版教材四年级上册第六单元阅读要素"学习用批注的方法阅读"相照应。针对这一目标开展纸笔测试的阶段性评价，不能机械评价学生对批注方法的识记，而要选择与批注策略相匹配的文本，组织学生迁移运用，检验学生的批注能力。除了关注学生批注的内容，还需要从学生批注的维度和视角出发，进行分析、判断，了解学生对批注方法的掌握程度，总结教学，反思得失。纸笔测试是学生阶段性学习的一部分，要与常态化教学融为一体，以对教学进行诊断和调节，凸显其导向功能。

非纸笔测试的阶段性评价，主要以综合性学习任务为主，根据不同的评价内容和评价对象，设置不同的评价形式，如演讲、朗诵、书写展示、读书交流、戏剧表演、调查访谈等。这些综合性学习任务，给学生提供了广阔的实践空间、思维空间和展示空间，让学生的综合能力得到有效锻炼。利用综合性学习任务推进阶段性评价时，我们要做好必要的组织和指导工作，以保障学习任务的顺利进行。例如，统编版教材三年级下册第二单元是寓言故事单元，语文要素是"读语言故事，明白其中的道理"。我们可以开展"制作寓言故事书签"活动，让学生选择自己读过的或喜欢的一个寓言故事制作一个书签，正面是寓言故事的名字，反面为自己基于对寓言故事的理解进行的简短描述，并配以与故事相关的图画。在活动过程中，教师要给予及时的引导和评价，如建议用彩色卡纸，形状可根据寓言故事的内容设计，书签的大小要适中，可作画，可剪贴，等等，鼓励学生运用多种表达形式。在大家的共同努力下，学生展开想象的翅膀，沉浸在创意的海洋中，一张张生动有趣的书签得以完美地呈现。而整个活动过程，学生们也在相互欣赏、相互帮助之中，反思了得失，明晰了方向。

3. 要关注整本书阅读和跨学科学习

整本书阅读和跨学科学习是新课标六大学习任务群中的两大组成部分，是新课标专门罗列出来的重点内容，也是阶段性评价的重要范畴。整本书阅读的阶段性评价，应该以成果展示为主，可以通过读书分享会、读书报告会、读书笔记、阅读手抄报等方式进行评价，重在引导学生高质量地完成整本书的阅读。例如，统编版教材六年级下册第二单元是外国名著单元，教师不仅要借助作品梗概，引导学生了解名著的主要内容，就印象深刻的人物和情节交流感受，还要向学生渗透世界名著的阅读方法，并以这些节选性课文为原点，拓展整本书阅读。教师可以根据导读课、推进课和汇报课等不同阶段的学习任务，采用不同的方式，积极开展阶段性评价，如完成目录探秘卡、制作书册名片、制作"鲁滨逊荒岛生存指南"、探秘原因理解人物、创意店铺代言好书等，通过丰富多彩的读书活动，不仅了解了学生的阅读状态，也强化了阅读与生活的联系，借助评价促进学生深度阅读，高质量完成整本书阅读。

跨学科学习的阶段性评价，可以通过观察报告、实验报告、研究报告等形式开展。例如，在学习了统编版教材六年级下册第一单元的《北京的春节》后，我组织学生通过资料收集了解春节的各种风俗习惯，并根据资料，选择一种习俗作为小组合作研究的对象，对资料、图片、影像等进行筛选、归类、重组，形成小组的汇报成果，并通过灵活多样的汇报方式向大家展示。

过程性评价实际上就是一项综合性评价、一种成长性评价，对学生的学习乃至终身发展具有重要的作用，我们要科学、系统地将过程性评价嵌入学生学习的全过程，让学习变得更高效、更有质量，让学生真正成为学习的主人。

第 六 章

深度备课，让学习呈现最美的样态

工欲善其事，必先利其器。无论教育教学怎样改革，都不能忽视备课环节。教师的责任就在于运用各种方式、策略让学生置身于一个活跃心灵、充盈智慧的学习环境之中，这有赖于高质量备课，有高质量的备课才会有高质量的课堂，有高质量的课堂才会有高质量的教学。说到高质量的备课，不得不提深度备课。深度备课是通往高质量课堂的必经之路。让我们谈谈有关深度备课的那些事儿。

什么是深度备课？

备课，顾名思义就是课前的准备工作。所谓深度备课，就是教师变简单备课为精心"研"课，即在独立思考研究的基础上，学习借鉴他人的精华之处用心研读课标与教材、用心了解学生、用心研究教法与学法、创造性地使用教材从而巧妙设计教学活动的研究过程。

说到深度备课，我们不得不提于漪老师，她有句名言："我上了一辈子课，教了一辈子语文，但还是上了一辈子深感遗憾的课。我做了一辈子教师，一辈子在学做教师！"于漪老师的教育信仰及教学态度着实令我们感动。她的"三次备课法"有力地证明了她对待教学、对待课堂、对待备课的态度，是典型的深度备课。如果每位教师都能这样备课，我们的课堂也将是教师人生的精彩绽放。

于漪老师的"三次备课法"的具体实施如下。

第一次备课：不看任何参考书、资料，包括教参，全凭自己的理解对教材进行一次整体把握。

第二次备课：广泛涉猎，仔细对照，兼并考虑，统筹运用。正如于漪老师所言："看哪些东西我想到了，人家也想到了。哪些东西我没有想到，但人家想到了，学习理解后补进自己的教案。哪些东西我想到了，但人家没想到，我要到课堂上去用一用，看是否我想到的真有道理，这些可能会成为我以后的特色。"

第三次备课：一边教一边改，在课前设想的与实际上课的不同细节中，区别顺利与困难之处，课后再次备课，修改教案。

从于漪老师身上，我们可以观察到什么？除了观察到她"终生学做教师"的信念与情怀外，我们更应该学习她严谨的教学教研的态度，并以此为借鉴，思考我们深度备课的正确的"打开模式"：深度备课绝不是单一的备教材，教师要有整体观，一定要从课标、教材、教学思想、教学内容、教学方法、学生实际、教师因素、课堂现状、教学条件等多方面进行整体考虑。下面我们就围绕"深度备课"，结合具体的教学实践，探讨一下我们可以从哪些方面入手，在深度备课中应该做些什么。

一、聚焦课标——为教学引领航向

课标就像高高的灯塔，为教师的教学目标、教学内容等指引方向。因此，深度备课的首要任务就是钻研课标及教材，做到高占位把握课标、立体式整合教材。以课标的基本精神为标尺深入解读教材、确定教学内容、厘清教学思路等都是深度备课的必备内容。

（一）钻研课标

新课标的课程目标以素养为导向实行九年一贯整体设计。在"总目标"之下，按1~2年级、3~4年级、5~6年级、7~9年级这四个学段，分别提出"学段要求"，各个学段相互联系，螺旋上升，最终全面达成总目标，注重语文素养的整体提高，体现语文课程的整体性和阶段性。

教学中，我们要以大情境、大单元的理念为指导，通过学习任务群推动各个学习实践活动的开展。横向上，新课标对每个学段的朗读、默读、词语理解、标点符号的学习、古诗文的学习、课外阅读等都提出了具体的、量化的目标要求；纵向上，每个学段的具体要求落脚点和侧重点又有所不同。例如，在词语理解方面，第一学段为结合上下文和生活实际了解课文中词句的意思，在阅读中积累词语；第二学段为能联系上下文，理解词句的意思，体会课文中关键词句表达情意的作用；第三学段为能联系上下文和自己的积累，推想课文中有关词句的意思，辨别词语的感情色彩，体会其表达效果。再如，在默读方面，低年段的目标是"学习默读"，中年段的目标是"初步学会默读，做到不出声，不指读"，高年段的目标是"默读有一定的速度，默读一般读物每分钟不少于300字"。

我们在教学中必须认真钻研课标，根据学生各年段的认知特点，准确把握目标，做到既不常"炒冷饭"，又不盲目拔高，既有横向的落实，又有纵向的统筹，让学生在每个阶段都能学有所获。

（二）解读教材

在明确课标任务的基础上，如何用好教材来达成目标呢？这就需要我们深入解读教材。只有教材研读达到一定的深度和广度，我们才能更好地确定每节课的教学目标和教学内容。

解读教材，我们首先要了解教材的编排特点，我们所用的教材将课标中要求必备的语文知识、基本能力、学习方法、学习策略、学习习惯等，也就是我们常说的"语文要素"分成若干个知识或能力训练的"点"，统筹安排到各学段中去，呈现点状化、梯度性和发展性特点。在阅读部分，教材主要体现了以下特点：①双线结构组织单元。部编版教材将人文主题与语文要素同步编排。单元的导读页中用名言警句等呈现人文主题，用两三句话提示单元的语文要素。其中，语文要素阅读与表达并重，涉及词句理解的方法、口头复述、把握文章的主要内容、想象力的培养、文体阅读方法等多方面的内容。教学时，教师要整体把握语文要素的分布，以"上下关联"的思路解读教材、组织教学。②阅读策略单元。统编版教材为了有效落实课程标准，落实语文核心素养，编排了阅读策略单元，引导学生掌握必要的阅读策略，为学生的积极自主的阅读奠定基础，包括三年级上册"预测"单元，四年级上册"提问"单元，五年级上册"提高阅读的速度"单元，六年级上册"有目的地阅读"单元。在教学阅读策略单元时，教师要转变以往对课文的琐碎分析，重视策略的引导和迁移，有意识地让学生举一反三地运用策略阅读更多的文本，在运用中形成能力、发展素养。③实行"三位一体"阅读，重视课型区分。统编版教材在编排上体现了"精读—略读—课外阅读"三位一体的特点。重视精读课和略读课的区分，还特别重视课外阅读，要求小学阶段课外阅读量不少于145万字。一年级的"和大人一起读"、各年级的"快乐读书吧""阅读链接"等板块都旨在打开学生课外阅读的通道。因此，我们要加强阅读方法的指导，如浏览、默读、跳读、猜读、主题阅读、整本书阅读等，并开展丰富多彩的阅读活动，让学生感受阅读的快乐。

在了解教材编排特点的基础上，我们要对单篇的教材进行全面、深刻的文本解读。说到文本解读，很多人都想到"一千个读者心中有一千个哈姆雷特"，是的，文本解读往往是多元的，如《落花生》一课，文本原始的价值取向是要像花生那样默默无闻、无私奉献。但是有的学生可能会认为像桃子、石榴、苹果那样，不但外表好看，而且实用，不是更好吗？这时，教师就要结合时代的更迭及具体的情况进行引导了，该展示自我的时候，我们要有苹果、桃子、石榴那样的勇气，该脚踏实地、埋头苦干的时候，我们就要像落花生那样不炫耀、不张扬。随着时代的变化，人们的观念会发生一定的变化，但是"做有用的人"这一点却是永恒不变的。这样处理，学生就不会形成片面性的认知或误解了。

必须强调的是，文本解读虽然是多元的，但是不管怎么解读，哈姆雷特都还是哈姆雷特，绝不会是李尔王或贾宝玉，多元解读是有界限的，我们一定要拿捏好。另外，我们还要明确，教师的"文本解读"是读者通过阅读从文本中获取和解释意义的过程，它不仅要解读文本的字面意义，更要品味文本的字中情、言外意，破解文字密码，进而引导学生准确理解和感悟文本。一句话，教师的文本解读是为教学服务的，因此，教师要在全面、深刻解读文本的基础上，根据学段特点、编者意图、阅读教学的特点、文本的知识点、文章的结构等对文本进行贴切的、创造性的二次解读，然后确定该课的教学目标和教学内容，进而有效地组织教学。

因此，"教材解读"要指向"教学目标"，实现"教材解读"与"教学目标"的完美牵手。我们以《去年的树》为例，谈谈如何从"解读教材"到确定"教学目标"。

（三）确定目标

目标的确定我们要分三步走：

第一步，看文本内容。《去年的树》是日本童话作家新美男吉写的一篇优美动人的童话。叙述了发生在一只小鸟和一棵大树之间的故事。

鸟儿和树是好朋友，鸟儿天天给树唱歌，树天天听鸟儿的歌唱。冬天到来时，树和鸟儿不得不分离，临行相约：来年再相会！一个还愿歌唱，一个还想倾听。但第二年春天到来时，树已经不知去向。鸟儿苦苦寻找它的好朋友树，最后大树变成了火柴，火柴即将燃尽，只有点燃的灯火还在亮着。鸟儿对着灯火唱起了去年的歌。

这篇童话只有五百多字，却承载了极其丰富而深厚的内涵。它呼唤着世间最美好的情感，它让我们相信，世间有些东西将超越时空，走向永恒，比如友谊，比如爱情，比如信赖，比如至死不渝的忠贞……

学生对文本更会有着多元的解读，有人读到了诚信，有人读到了伟大的友谊，有人读到了死亡的哀伤，有人读到了保护环境，不要砍伐树木，有人读到了大树燃烧自己照亮别人的无私奉献。故事蕴含的道理是多元的，但是是否都要引入课堂来学习呢？答案是否定的。

第二步，看学段要求。新课标对小学中年段的要求是：①初步学会默读，能对课文中不理解的地方提出疑问；②能联系上下文，理解词句的意思，体会课文中关键词句在表情达意方面的作用，能借助字典、词典和生活积累，理解生词的意义；③能初步把握文章的主要内容，体会文章表达的思想感情；④能初步感受作品中生动形象和优美的语言，与他人交流自己的阅读感受；⑤积累课文中的优美词语、精彩句段。

第三步，看单元编排。本单元的人文主题是："乘着想象的翅膀，游历奇妙的童话王国，看花儿跳舞，听星星歌唱。"而单元训练要素是："感受童话丰富的想象。试着自己编童话，写童话。"本单元设置了一个习作训练——我来编童话。提供词语，如"国王""黄昏""厨房"等，由学生发挥想象，创编故事；本单元还设置了"快乐读书吧——在那奇妙的王国里"，介绍了《安徒生童话》、叶圣陶的童话等，鼓励学生走进童话的王国，告诉学生"童话王国中充满了爱与美，等待着你去漫游，去发现。"本单元用"小贴纸"的方式提示，如"只有发挥想象，才能真正领略童话的魅力""我们可以把自己想象成童话中的主人公，和故事中的人物一起欢笑，一起悲伤"，告诉学生只有去阅读才能有更多的发现。

最后，结合课标的年段要求和教材的编排特点，我们可以确定《去年的树》的教学目标：

（1）正确读写"融""伐"等字词，积累词语。

（2）揣摩对话，读出鸟儿的心情变化，体验小鸟的情感。

（3）感受童话的丰富想象和语言美、意境美。

（4）体会小鸟与大树之间的真挚情谊，感悟真正的友谊是建立在诚信的基础上的。

从这一课的目标设计我们发现，该目标是根据单元导读以及课后的习题来制定的。目标（1）的依据是课后的生字表；目标（2）的依据是课后习题2和3；目标（3）的依据是单元导读和本单元训练的要求——感受"童话的丰富想象"，在理解文本内容的基础上，再依据学段目标和学生的特点制定了目标（4）。确定了教学目标，我们对教学内容的取舍就有了明确的方向和思路了。

确定课文教学目标的时候，我们要遵循以下三条原则。

1. 目标要精准

目标的制定要以新课标为导向。课标强调语文课程是工具性与人文性的统一，而部编版教材的编排采用"双线结构"，人文主题对应了课标中的"人文性"，语文要素则对应了课标中的"工具性"，为我们确定教学目标提供了很好的指引。一线教师熟悉教材编排特点并领悟编者意图，就能准确把握好教学目标了。此外，统编版语文教材注重单元整体教学，一个单元围绕一个人文主题和相应的语文要素实现一个总的目标。我们要有整体意识，要精准把握单元总目标与各篇课文的分目标，要熟悉每个单元以下内容：人文主题、语文要素、交流平台与词句段运用（语文园地）、课后习题、文中泡泡、生字表、词语表。其中，人文主题、语文要素、交流平台与词句段运用对应的是单元的总目标，每篇文章中的课后习题、文中泡泡、生字表、词语表对应的是单篇文章的教学目标及与单元总目标相关联的目标。

2. 目标要简明

教学目标切忌贪多、面面俱到，否则会导致教学过程如同蜻蜓点水，在浮光掠影中，真正留给学生的东西就太少了。我们需从语文核心素养出发，结合教材要求和学生学情，一节课彻底解决一两个核心问题。例如，部编版六年级上册《穷人》第二课时的教学目标：

（1）品读桑娜内心独白，感悟内心独白描写的方式。

（2）研读作品对西蒙的描写，还原西蒙临终前的内心独白。

（3）练写"害怕""欣喜"等内心独白。整节课围绕一个核心任务组织教学——写好内心独白。这样就能实实在在地落实"一课一得"，让学生学得轻松，学得有收获。

3.目标要具体

教学目标的表述要清晰和具体，要和课文的内容及需要落实的语文要素相结合。例如，统编版三年级上册《铺满金色巴掌的水泥道》教学目标如图1所示，左边为初稿，目标定得比较笼统和模糊，对于"学什么"和"怎么学"完全没有明确的概念。经过修改后，右边的定稿就"学习的主要内容"及"运用什么方法进行学习"给出了清晰的方向和路径。

《铺满金色巴掌的水泥道》教学目标

修改前：
1.学习本课生字词，学习多种方法理解词语。
2.理解课文，体会文中优美的句子。
3.有感情地朗读课文，在朗读中体会作者的情感。
4.学会观察，学习写话。

修改后：
1.学习本课生字新词，正确书写"铺""泥"等字；运用借助近义词、联系生活实际、借熟字猜词义、联系上下文等方法理解语词的意思。
2.理解课文内容，利用抓关键词语谈感受的方法体会描写水泥道美的句子。
3.有感情地朗读课文第5~8自然段，读出落叶和水泥道的美及作者愉悦的心情，体会作者对秋景的喜爱之情。
4.懂得从多个方面进行观察，学习把美的景色写下来。

图1

二、关注学情——为学生精准把脉

教师备课要紧抓两头，一头是教材，一头是学生。备学情，是备课的重要组成部分，我们要关注学生的认知水平、心理特点、个性差异、学习环境等，做到"以学定教，顺学而导"。

苏霍姆林斯基说："在每个孩子心中最隐秘的一角，都有一根独特的琴弦，拨动它就会发出特有的音响，要使孩子的心同我讲的话发生共鸣，我自身就需要同孩子的心弦对准音调。"准确把握学生的学习状况和心理状态，是跟学生的心弦对准音调的前提条件。

如何把握学生的学习状况呢？我们可以通过以下方法入手。

一查：通过查阅学生的作业、试卷、预习情况、笔记等了解学情。

二问：在跟学生的对话交流中询问学生在学习中遇到的困难，总结他们成功的经验或失败的教训。

三谈：在不同的时间节点，如开学初、期中、期末召开交流会，做不同阶段、连贯性的比较分析，及时调整教学。

四测：在课堂前测或编制试题中了解学生学情，如通过多种方式对学生的预习情况和学习方法进行测试，然后有针对性地组织教学。

说到学生的心理状态，作为教师，我们要特别关注学生的学习情感，下面的表1为教学方法与学生学习情感相关调查表。

表1

教学方法	喜欢（人）	不喜欢（人）
1. 老师少讲，我们实在不懂再讲	28	23
2. 老师多讲，我们多听	13	21
3. 课上经常进行讨论，我们可以发表意见	66	6
4. 没有讨论，老师问我们答	5	13
5. 遇到不懂的问题，老师抄答案给我们	15	127
6. 遇到不懂的问题，老师鼓励、引导我们自己解答	62	9
7. 老师尽量让我们多读课文，让我们读懂	13	15
8. 读书很少，主要是老师讲	2	28
9. 课上经常让我们动脑、动口（读课文）又动手（圈画）	68	5
10. 课上很少有动手的机会	4	29
总人次	276	

调查显示，大部分学生喜欢在课堂上通过动脑、动口又动手的方式进行学习，喜欢老师的鼓励，喜欢发表自己的意见，而不喜欢被动地听老师讲和不能动手、动口表达自己的想法。因此，我们在备课过程中，

必须考虑以学生喜闻乐见的方式设计各个教学环节及教学活动，及时捕捉学生的情感变化，根据他们的思想、兴趣、能力等组织和调整教学。

三、巧妙设问——为探究激发热情

陶行知先生说过："发明千千万，起点是一问。"好的问题能一石激起千层浪，点燃学生思维的火花。教师应善于设计问题来促进学生思考。但是，一些教师的课堂提问还存在许多弊病，有调查表明：教师每节课有效提问占45%，低效提问占34%，无效提问占21%。口述方法提问占了73%，在学生答不出时，教师往往不断重复提问。80%的学生认为教师给他们思考问题的时间较少。70%的学生在回答不出问题时保持沉默。这种情况下，教师缺少对学生的启发引导，经常换人回答。在学生回答正确时，教师通常停留在重复学生的答案或者强调解题过程上。

可见，问题的设计与处理是我们必须重视的。教师在备课中如何有效地设计问题呢？我们要把握好问题设计的"四性"。

（一）问题的系统性

问题设计的系统性，即摒弃杂乱的、零散的"一问一答式"的提问，设计以"主问题"为统领，将"次问题"连成串的逐层推进的问题。例如，六年级下册《匆匆》这篇散文细腻地刻画了时光流逝的踪迹，表达了作者对虚度时光的无奈和惋惜。文中语句含义深刻，句式独特，且相对分散，阅读时就需要一条主线把这些"散落的珍珠"串起来。我们在教学中可以设计这样的主问题：作者围绕"匆匆"做了哪些思考？作者何以把自己的内心感受写得如此感人？通过这两个"主问题"，再引发一串的"次问题"让学生共同探讨，体会内心独白、连续追问、排比句式等在表达情感上的独特效果。这样以线串珠，综合训练了学生的检索能力、推理能力、整合能力与评价能力，使学生自读自悟、抽丝剥茧、层层深入，体会作者如何表达自己的真情实感。

（二）问题的层次性

问题设计的层次性是指通过梯度式、连续问的方式，把讲授的内容分解为一个个问题，一环扣一环，不断深入发问。例如，四年级下册《四时田园杂兴（其二十五）》《宿新市徐公店》《清平乐·村居》三首诗词所写的内容都是乡村田园的风景人物，后人称其为"田园诗"。怎么读田园诗呢？薛发根老师设计了田园诗的"三问"阅读法。第一问：写的是哪一个季节？第二问：写了哪些事物或人物？第三问：这些事物和人物构成了怎样一幅乡村图画？以此打开田园诗的"缺口"，引导学生从季节与环境、事物与人物、情景与画面三个角度把握所写内容，先"导学"第一首古诗，接着用"共学""探究"等方法引导学生深入学习另外两首古诗，做到"教有层次"，让学生的思维发展进入阶梯式训练，从而提高他们的理解、分析能力。

（三）问题的导向性

"不愤不启、不悱不发"，在学生处于"愤悱"状态时，教师及时的、有针对性的提问，能引发学生积极、深入的思考。例如，在教学五年级下册《草船借箭》时，学生了解课文大意后，教师提问："诸葛亮明明是用草船去骗曹操的箭，使曹操损失了十万支箭，课题为什么是草船'借'箭，而不是草船'骗'箭呢？"学生纷纷结合文本发表自己的观点。有的说："这看出了诸葛亮的足智多谋，利用天时地利人和完成造箭任务。"有的说："是曹操疑心重的结果，不是诸葛亮有意要骗曹操的箭。"……学生通过激烈的讨论排除了疑点，最终共同解答了问题，进一步体会到作者用字的巧妙。

（四）问题的启发性

紧扣主题，问题要提得准、提得富有启发性。例如，五年级上册《鸟的天堂》一文中，针对作者的感叹："那'鸟的天堂'的确是鸟的天堂啊！"教师提问："为什么前一个鸟的天堂加上引号，而后一个不加引号呢？它们有什么不同的含义？"通过讨论，学生体会到这句话中出现的两次"鸟的天堂"意思并不一样，进而发现和比较两次看到的"鸟的天堂"的不同特点。这种提问能使学生在回答的过程中获得对事物清晰完整的认识，从而得到新颖而有价值的思维成果，不断增强学生的发散性思维能力。

四、搭建支架——为学习铺路架桥

学生是学习的主体，教师要为学生的学服务，要弱化教师的强势，强化学生的表现。因此，我们要给学生提供平台，搭建学习支架，让学生拾级而上。下面重点说说几类支架的使用。

（一）任务性支架

备课时，将教学目标转化为浅显易懂、可操作的学习目标，实际上就是给学生提供了任务性支架。下面为二年级上册《坐井观天》的课堂学习单。

二年级上册《坐井观天》的课堂学习单：

1. 我能读准词语。

井沿　观看　回答　大话　哪儿　坐井观天

口渴　喝水　弄错　抬头　那么　无边无际

2. 我能读好句子。

(1)天不过井口那么大，还用飞那么远吗？

(2)天无边无际，大得很哪！

(3)不信，你跳出井口来看一看吧。

3. 我能说一说，再写一写。

小青蛙跳出井口，说："＿＿＿＿＿＿＿＿＿＿＿＿"

小鸟飞进井里，说："＿＿＿＿＿＿＿＿＿＿＿＿"

（二）方法性支架

方法性支架就是教师有意识地引导学生领悟，在阅读中遇到问题时我们可以用什么方法去解决，并且让学生举一反三、学以致用。比如，《总也倒不了的老屋》是三年级上册阅读策略单元的一篇文章，在教学中，我们首先要引导学生领悟基本的预测方法——根据题目、插图、故事里的线索、生活经验和常识等预测后面的内容，然后让学生运用学到的方法预测其他内容。

（三）模板性支架

模板性支架为学生的能力习得提供一个模仿的范例，是一个可以更新内容的模式。例如，学习六年级上册阅读策略单元课文《竹节人》，我让学生通过完成表2学会如何带着目的去选择阅读材料及合适的阅读方法。

表2

我要完成的阅读任务	我要关注的段落	我用的阅读方法
写玩具制作指南，教别人玩这种玩具		
体会传统玩具给人们带来的乐趣		
讲一个有关老师的故事		

（四）评价性支架

例如，五年级上册《牛郎织女（一）》一课的教学重难点是练习创造性地复述民间故事。教学中，在学生学习了通过联系生活、联系课文内容、补充合理的事例等方法进行创造性复述后，我让学生运用这些方法在小组内练习创造性复述，并对照评价表3评选最具创意民间故事传承人。

表3

最具创意民间故事传承人		
项目	运用的方法	丰富的细节
评价标准 （做到的请打√）	事例合理（　　） 联系生活（　　） 联系课文（　　）	描述变对话（　　） 添加动作、神态、心理（　　）

我通过这个评价性支架，有效地检测学生对方法的掌握情况，更是促进了学生对所学方法的巩固。

五、谋划策略——为课堂点燃活力

教学策略是指为实现预定的教学目标而采取的方案与技巧。这里介绍几种常见的教学策略。

（一）导入策略

著名教育家于漪老师说："课的开始，其导入语好比提琴家上弦，歌唱家定调。"可见成功的导入，如同给一节课谱下了优美的序曲。我给大家归纳和总结了课堂导入"八法"：故事导入法、温故知新法、问题导入法、创设情境法、谜语导入法、歌谣导入法、游戏导入法、视听导入法。教师要充分利用多媒体、生动的语言、广博的知识等调动学生学习的兴趣。

（二）板书策略

独具匠心的板书，能条理清晰、重点突出地提示一堂课的教学内容。下面结合范例，跟大家分享几种板书设计：

第一种，从课文题目入手。抓住标题，循着主线揭示文章的主旨。图2为六年级下册《表里的生物》的板书，其特点是从课题切入，引领学生深挖文章的主题。

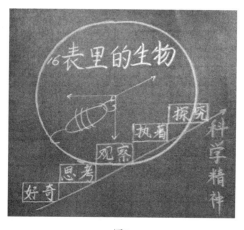

图2

第二种，从文章结构入手。厘清文章层次、明确写作思路和表达方法是阅读教学的重要任务，板书可以很好地落实这个任务。例如，五年级上册《落花生》的板书设计：种花生—收花生—吃花生—议花生。其特点是清晰简练，有助于学生厘清文章脉络，体会作者的表达方法。

第三，从关键词语入手。例如，二年级上册《难忘的泼水节》，为了让学生能借助词语说出周总理是怎样和傣族人民一起过泼水节的，教师做了如图3所示的板书设计。借助板书，学生生动形象地说出了周总理是怎样和傣族人民一起过泼水节的。

图3

第四，从方法策略入手。例如，四年级上册《一个豆荚里的五粒豆》，它是阅读策略单元的一篇课文，这一单元主要是教给学生"提问"策略。课堂板书如图4所示。

图4

板书对提问策略进行提炼与归纳，将提问策略清晰地展示出来。整个板书过程辅以师生深入的交流探讨，使这节课的教学重点得到了很好的落实。

（三）合作策略

小组合作学习是课改的重要成果，也是深化课改的重要内容，但是当下不少的小组合作学习存在形式主义倾向，仅仅是为了合作而合作。我们在设计小组合作学习活动时，必须坚持以下几个原则。

1. 有必要

针对我们教学的重点、难点，看在解决某个问题的过程中是不是有必要组织小组合作探究，过多、过乱的合作学习反而会浪费时间。

2. 有自主

确保每个学生都能参与其中，不要被少数优秀生垄断了课堂，而其他同学只是盲目地"被参与"。

3. 有合作

目标明确，分工合理，确保既有分工又有合作，实现强强联手。

4. 有展示

合作学习的成果要进行及时的展示，在激励评价中促进学生思维发展。

5. 有组织

教师在活动过程中要做到收放自如，确保活动过程活而不乱，辅以及时、恰当的引导与评价，确保合作学习的实效性。

（四）体验策略

角色体验，可以增强学生的责任感和兴趣，使学生更深入地体察、理解教学内容。例如，教学《狐假虎威》时，我让学生分角色演一演这个故事，当学生形象地把狐狸的神气活现、摇头摆尾，老虎的半信半疑、东张西望等状态表现出来时，他们既领悟了"狐假虎威"的意思，又积累了词语，发展了语言能力。体验式学习让学生学得轻松，学得快乐，学得更有收获。

（五）竞赛策略

河北衡水中学有一句被津津乐道的话——"眼睛一睁，开始竞赛"。在教学中引入竞赛机制，将会大大提高学生的学习积极性。我们的阅读课堂也可以开展丰富多彩的竞赛活动。从内容上看，有积累词语比赛、朗诵比赛、背诵比赛等；从竞赛对手来看，有个人竞赛、团体竞赛等；从方法来看，有接力赛、积分赛、擂台赛等。总之，充分调动学生的主观能动性，让学生乐于参与、勤于分享，这样的课堂就已经成功了一大半。

六、注重朗读——为语文打好底色

说到朗读，我们都会想到央视文化情感类节目《朗读者》。《朗读者》这个节目之所以深受人们喜爱，是因为它实现了它所倡导的"朗读打动人心"的口号，给我们呈现了朗读的生命之美、文学之美和情感之美。

朗读不仅可以感染人、鼓舞人，更能教育人、影响人。"全国推动读书十大人物"、《当代教育家》杂志创办人李振村，他的成长历程就是一个很好的印证。李振村出生在一个小村庄里，在他小学五年级的时候，他遇到了影响他一生的徐宗文老师。徐宗文是李振村的语文老师，京剧演员出身，严格意义来说是教语文的"门外汉"。但是，徐老师文学底蕴深厚，语言能力强，感情丰富且擅长表演。徐老师一次次声情并茂的朗读，在李振村的心田播下了语文的种子。在徐老师的引领下，李振村爱上了朗读、爱上了阅读、爱上了文学，从此与语文教学结下了不解之缘。李振村深有感触地说："教育的一个重要使命就是要让孩子充满梦想和激情，这比学到多少知识更为重要。"为此，他也不遗余力地策划每年一度的全国新经典诵读大会和新经典诵读节，力求带动更多的朗读爱好者和文学爱好者。可见，朗读堪称语文课堂最美的底色。

说到朗读及朗读教学的重要性和效能性，不得不提于永正老师和王崧舟老师这两位小学语文界的教育大家，他们对朗读教学的高度重视和巧妙处理，可以说是小学语文教学界的标杆。于永正老师曾经说："读奥妙无穷，一切都在读中，读是再创造的过程，是把符号变为形象、场景的过程。语文教学抓住一个'读'字什么都有了，离开一个'读'字什么都没有了。"朗读是于永正老师带领学生走进文本和超越文本的金钥匙，在琅琅书声中，于永正老师为学生营造了一个个充满情感和灵性的课堂；王崧舟老师的"诗意语文"让我们惊叹不已，这与他在课堂中引领学生入情入境、绘声绘色地朗读是分不开的，或低吟浅唱，或反复叩问，或跌宕起伏，或直抵心坎，他深入人心的"王氏美读法"堪称小学语文界"以读代讲"理念星空下最闪亮的那颗星。

新课标在"阅读与鉴赏"板块的四个学段要求中都特别强调："用普通话正确、流利、有感情地朗读课文。"在基础型学习任务群的教学提示中也提出要注重诵读、积累与梳理，重在培养兴趣、语感和习惯。朗读不仅仅是一种技能的训练活动，更是一种感受语言、感悟世界的生命活动。朗读与"理解、把握、体验、感悟"等密不可分，朗读是一种感悟、积累、运用语言的语文实践活动。在语文教学中重视并加强朗读教学是非常必要的。因此，我们应加大力度，重点探讨一下朗读教学的重要性、朗读教学存在的短板，并在这个基础上，有针对性地提出破解短板的策略，为朗读教学的有效开展做好充分的准备。

（一）朗读于语文学习的重要性

1. 朗读有利于理解和把握课文内容

"书读百遍，其义自见"，朗读是阅读的起点，是理解和把握课文内容的有效途径，是我们用有声语言和作者进行心灵交流的创造性活动。在朗读的过程中，我们的大脑皮层会对字词、文段等及它所呈现出的有声语言做出"对味儿"或"不对味"的直接反应，并对感觉"不对味"的做出及时的反馈及调整，在反复的朗读及感悟中，让理解更贴近课文的本真。而且，在朗读中，我们会通过重音、停连、语气、语调等技巧逐字逐句地对语言进行深入揣摩、反复体味，让语文学习更具立体感。

2. 朗读有助于发展记忆力和想象力

研究表明：说话和听自己说话的"双重动作"有助于大脑储存信息，使之成为长期记忆。研究还表明：在多种记忆单词方式中，参与者朗读时的单词记忆数量是最大的，而默读的效果最差。因此，朗读是一种有效的记忆和学习的方法。此外，教材中所选编的课文，大多文情兼美，字里行间所蕴含的隽永及精妙，会把学生带进一个个美好的意境，引发学生无限的憧憬与遐想。例如，《火烧云》《雾在哪里》《美丽的大兴安岭》等，在声情并茂地朗读课文中，学生融入了一个个奇妙的世界，在一次次的朗读中，学生的想象力和鉴赏力得到了长足的发展。

3. 朗读集"输入"与"输出"于一体

语感的培养，归根到底离不开"内化"和"表达"，内化是对语言的吸收、积累，表达是语言的运用和实践，这个过程也就是语言的"输入"与"输出"的过程。朗读在语言的输入与输出之间发挥着重要的作用：反复、多次的朗读让很多讲不清、道不明的语感、语言规律等在潜移默化中被消化、吸收，久而久之，规范、丰富的语言逐渐得以"内化"，表达的逻辑顺序、文章的布局谋篇、描写的生动细致等也自然而然地储存于胸，在需要运用的时候，就能水到渠成地信手拈来，就能思路清晰、语言流畅地进行表达了。

4. 朗读融"文化"与"审美"为一身

朗读是将静态的文学艺术转化为富有审美情感的有声语言的一种创造性活动。把文字语言转化为触动人心的有声表达的过程，是朗读者对作者创作的背景、情感、主旨的揣摩、体悟和创造的过程，因此，朗读始终伴随着传递情感、传承经典、品味文化的审美过程。例如，教材中的经典古诗文无不体现着中国语言的凝练、质朴、含蓄、隽永，以至于它们可以穿越时空，给不同时期的审美和创作带来启迪。在朗读这些经典的时候，我们会对作品的文化背景、表现意境等进行揣摩，从中体味作者的情思，开阔自己的知识视野，并在情感共鸣中感受丰富的形式

美，不断提升自身的审美情趣。

（二）朗读教学存在的短板

1. 意识缺失，不理其然

受传统应试教育的影响，很多教师过分重视语文知识性的讲授，而忽略了朗读教学环节的落实，甚至错误地认为朗读指导耗费的时间多、成效低，或者将朗读训练视为机械、单一的反复，使朗读流于形式，疏于情感。正是对朗读教学重要性的认识不足，甚至产生偏差，导致有些教师没能意识到朗读对学生终身发展的深远影响，于是在备课中忽略了朗读教学着力点的捕捉、朗读策略的使用、朗读评价的激励和导向等，甚至把课堂上朗读训练的教学环节都取消了，使朗读教学的时间和质量得不到保障。

2. 进阶缺席，不悟其所

新课标对各个学段的阅读教学都强调朗读，强调用普通话正确、流利、有感情地朗读课文。从纵向看，由"学习用"到"用"再到"熟练地用"，体现了学段间的层次递进；从横向看，由"正确朗读"到"流利朗读"再到"有感情朗读"，体现了朗读品质的逐步提升。但是，很多教师没有意识到这些，对于什么时候读、为什么读、怎么读、读到什么程度，含糊不清，对于每一个阶段、每一种方式的朗读承载怎样的目标与任务更是不加思索，仿佛只是为了读而读。这种流于形式、没有进阶、不求实效的朗读，是无法真正提升学生的朗读能力的。

3. 指导缺位，不得其要

传递情感和表达思想是朗读的首要任务。如何在朗读与情感之间架起沟通的桥梁呢？这是有方法和技巧可循的，如停连、重音、语气、节奏、气息等都是有讲究的，需要教师有策略地引导学生不断学习。在实际课堂中，教师的指导往往蜻蜓点水或者风过无痕。"课文写得很美，请大家美美地读出来""谁能读得更有感情一点"，类似的教师用语我们耳熟能详，但是如何才能"美美"地读？如何才能读得更有感情？学生是不知道的，如果没有适当的指导，学生如何习得朗读的要领？

4. 感悟缺乏，不解其意

朗读是读者把自身的感知、感受、感悟、思考等外化的过程，是对文本的二度创造。准确、有效的朗读必须建立在深入的感悟的基础之上。然而，我们经常看到，在理顺了文章脉络后，还没有对文本内容进行细读、品味，在学生对人物形象还未体察、对思想内涵还未领悟的情况下，教师就要求学生读出感情，导致学生如同雾里看花。没有理解、没有感悟，学生又何来读出情、读出意境？这样匆匆登场的朗读只是走过场，导致学生悟也没悟透，读也没读好。

（三）如何破解朗读教学的短板

朗读教学存在的以上短板如何破解，如何让朗读教学走向实效？让我们从"增强意识、明确目标、讲究策略、把控情感"四个维度为大家做具体的策略分析，希望能给教师们以借鉴和启发。

1. 增强意识，加强备课

朱熹说过："凡读书，须要读得字字响亮，不可误一字，不可少一字，不可多一字，不可倒一字，不可牵强暗记，只是要多诵数遍，自然上口，久远不忘。"可见，朗读是阅读教学的奠基工程，扎实、有效的朗读远胜于教师一厢情愿的讲解。阅读教学中若能调动学生的情绪，让学生在宽松、愉悦、和谐、活跃的氛围中饱含情感地朗读，从中体会文章的语言美、意境美、情感美，这种学习活动才是充满张力、活力和生长力的。作为语文教师，要舍得花时间让学生反复朗读，为学生理解文本、品味文字、积淀语感打下坚实的基础。徐世荣教授曾说："讲解是分析，朗读是综合，讲解是钻进文中，朗读是跃出纸外；讲解是推平、摆开，朗读是融贯、显现；讲解是死的，如同进行解剖，朗读是活的，如同赋予作品生命；讲解只能使人知道，朗读更能使人感受。因此，在某种意义上讲，朗读比讲解更重要。"王崧舟老师的"诗意"课堂就是这个观点最有力的证明，他的阅读课几乎都是他带着学生始终在朗朗的书声中度过的。据统计，在《一夜的工作》一课中，学生各种朗读共22次；在《两小儿辩日》中，学生的朗读达35次；在《慈母情深》中，学生各式朗读更是高达44次……一次次情真意切的朗读，感动着学生，也感染着听课的每一位教师，课堂的学习效果自是不言而喻了。

因此，语文教师必须提高自己的职业认知水平，充分重视朗读，做好学生朗读训练的组织者、管理者和引领者，将朗读纳入备课范畴，从潜心研读教材开始，抓好朗读训练的时机，挖掘朗读训练的兴趣点和着力点，以"四备"为保障，对朗读教学进行全面、深度的设计。

（1）备批注

备课时，我们首先要把课文读懂、读好，课文读好了，研读教材也就到位了。也只有教师把课文读好了，学生才能读好，并且超过教师。朗读时，我们如何做到成竹在胸？做朗读批注是一个很好的途径。例如，执教《枫桥夜泊》时，诗题"枫桥夜泊"的"夜"凸显诗人寂寞惆怅之意，读时，宜低沉、绵长，"泊"宜读短、读抑，给人以音有止而思无尽的孤寂之感。题目读好了，整首诗的格调、意境也就形成了。读"月落乌啼霜满天"时，"落""啼""霜"三个字后面都要有停顿，尤其是"啼"字，读时要保持较慢的平直调，气息要延长，给人营造一种由听觉而引起的孤寂和愁闷之境。读"江枫渔火对愁眠"时，"对愁眠"三个字既要顿挫又要低沉，与上句之"霜满天"遥相呼应，突出"身羁行旅、孤独愁寂"之沉重的感喟。第三句的"城外"后停顿略长，而第四句的"钟声"之后宜有一个较长的停顿，让人感到寒山寺的阵阵钟声在这样孤寂的夜不绝于耳，声声催人愁，与万籁俱寂的夜形成鲜明的对比，愈显作者孤寂之心境。当教师结合理解感悟，通过声音把它读"活"，并以批注的形式加以记录和强化，在指导学生朗读的时候，自然就做到胸有成竹，驾轻就熟了。

（2）备文体

文体是朗读的内在尺度，不同的文体有其不同的基调和样貌，如童话，朗读时应该从孩子的视角出发，与童话中的"人物"同欢乐、共悲伤，语气可以适当夸张，语气、节奏要贴近角色，塑造刚猛、柔弱、善良、凶恶、骄傲、卑下、果敢、懦弱等多种多样的声音形象，在朗读时要注意调动丰富的想象、联想，使作品中人物的形象体态在脑海中活起来，还要注意语气的儿童化，要用给小朋友讲故事那样的语气来读；诗歌概括性强，情感充沛，朗读时要把自己和诗人的情感融为一体，以情带声，注重停连及语调，读出语调的平、升、曲、降，使情感得以起伏和延续，读出诗歌的节奏美、旋律美、意境美；散文文气氤氲，朗读声音最好能做到"轻柔化"，根据叙事、抒情、游记等散文类型，读出或亲切自然，或深沉隽永的特点，在和风细雨中，给人以恬静、深邃、交流、思考等无限遐想和意愿；而说明文注重语言的客观性，语言朴实，基本没有什么波澜，朗读时，语调要平实自然，语速、节奏变化不宜太大。当然，同一文学体裁，不同的作品，在朗读时处理方式也是不一样的，如《巨人的花园》与《卖火柴的小女孩》都是童话，《巨人的花园》充满情趣，结局皆大欢喜，感情基调是愉悦的，而《卖火柴的小女孩》充满期待，结局凄美，因此要读出幻灭的伤感。甚至同一作品，随着事物的变化、情节的起伏，语气和语调的处理也是不一样的，我们要在备课的时候加以审度和推敲。

（3）备指导

朗读指导不必面面俱到，不能蜻蜓点水，必须有的放矢，要找准兴趣点和着力点，抓住规律，有序有法地帮助学生突破关键点和疑难点。如此，方能收到举一反三、触类旁通的朗读成效。例如，在部编版教材一年级上册课文《秋天》教学中，朗读指导应从以下几点着力：第一，抓轻声，如凉了、叶子、黄了、那么、来了；第二，抓变调，如一片片、一群、一会儿；第三，抓叹句，如"啊！秋天来了！"；第四，抓节律，如"那么……那么……""一会儿……一会儿……"。找准着力点后，我们便通过躬身示范、传授技巧、激励评价等指导方式，有针对性地进行逐一突破。如此，对每节课的朗读指导走向何处、如何去走，我们便能心中有数。

（4）备量规

每一次的朗读指导，我们除了要清楚走向何处、如何去走，更要反馈走得如何、如何改进。因此，朗读教学除了做到读前有目标外，更要做到读后有评价。我们应该针对具体的朗读内容制定相应的评价标准。例如，朗读龚自珍的《己亥杂诗》时，我们可以设计这样的评价量规：①读准"亥""恃""哀""擞"等生字字音；②读出七绝"四三"节律；③朗读时有意识地强调"九州生气"和"万马齐喑"之间的深刻对比；④"重抖擞"要读出坚定之感及气势，"降人材"应读出延缓、上扬的语调。每次朗读，若能明晰类似的评价量规，加上教师适时的激发意愿，适当的激励导向，学生坚定目标，敢于尝试、挑战，会变得积极而持续，朗读教学的目标和任务也就落到实处了。

2. 明确目标，关注层次

"朗读"与"阅读"是密不可分的两个有机整体，新课标从"阅读"的目标和内容范畴对各个学段的朗读态度、朗读意图、朗读情感、朗读意义和价值等做了具体的阐述，体现了内容及内涵上的层阶变化。例如，"用普通话正确、流利、有感情地朗读课文"，低、中、高三个学段的要求分别是"学习用""用""能用"；再如，从低年段的"诵读儿歌、儿童诗和浅近的古诗，展开想象，获得初步的情感体验，感受语言的优美"到中年段的"诵读优秀诗文，注意在诵读过程中体验情感，展开想象，领悟诗文大意"，再到高年段的"诵读优秀诗文，注意通过语调、韵律、节奏等体味作品的内容和情感"也体现了朗读教学各年段的目标、任务是有序列性和进阶性的。

在教学中，我们一定要清晰每个阶段的读为什么读，怎么读，读到什么程度。例如，初读课文，我们要求学生读准生字新词，读通课文，一定要给学生足够的时间去反复朗读，如果学生遇到困难，还需一字一词地教，一句一段地指导，解决了"读准读通"的问题后，才能进入下一个教学环节，否则后面"有感情地朗读"只能沦为空话。此外，理解是朗读的基础，只有深入理解课文内容，才能读出符合课文内容的感情来，当学生对某个词、某句话、某段文字、某个场景有着强烈的感受之时，便是朗读发生的最好时机。例如，教学部编版教材五年级上册《圆明园的毁灭》一课，圆明园的辉煌已成为历史，文中描述的众星拱月的布局、风格各异的建筑、珍贵的文物以及英法联军的丑恶嘴脸都离学生比较久远，没有直观的感受和深入的了解，学生难以读懂背景、读出情感，我们可以借助历史资料及多媒体手段，拉近学生与年代之间的距离，让他们设身处地感受祖国同胞曾蒙受的耻辱。在学生对文本理解到位的基础上，入情入境的朗读自然水到渠成，学生反过来又通过"读中感悟"加深对文本的理解，升华文章的主题。可见，初读、再读、品读、赏读每一个阶段的读都是必不可少的，我们得掌握好时机和分寸。

3. 讲究策略，追求实效

朗读是一门语言艺术，要读出意、读出味、读出神、读出情，是讲究方法、讲究技巧的，课堂上缺少指导的朗读是没有质量和效果的。说到朗读指导，以下四大策略可以说是接地气且具实效的。

（1）躬亲示范

马卡连柯说："教师永远是儿童模仿的典型。"学生的模仿能力强，教师成功的范读不仅可以帮助学生正音、明义，更能把自己的阅读经验和阅读感受通过声音、情感传递给学生，具有直观、生动、感人的示范引领效果。特别是在学生遇到难以突破的朗读障碍或处于疲惫的"精神散漫期"时，教师的范读能迅速地引领他们走出障碍区。"亲其师，信其道"，教师的当场范读，会对学生朗读热情起到很好的激发作用，哪怕跟朗读名家相比，教师的范读稍微逊色，但所起的教学效果却是有过之而无不及的。在我们身边不难发现，在语文课上，让学生听课文朗读录音，大部分学生是无动于衷的，哪怕朗诵者训练有素，朗读张弛有度，但课堂效果就是不理想。而学生听到自己老师的范读就大不一样了，这还有利于良好师生关系的建立和加深。

于永正老师的课堂总少不了朗朗的读书声，教师的范读堪称出彩，他在执教《小稻秧脱险记》一课时，精彩的范读把课文都读"活"了，学生听了无不手舞足蹈，整个课堂充满了生机和情趣。可见，朗读好了，备课已经成功了一大半。教师朗读水平有多高，学生的朗读水平就会有多高，甚至超过教师，这种效果是教师无论怎样费尽口舌讲解都无法比拟的。

（2）传授技巧

朗读跟唱歌一样，是有方法和技巧可循的，其学习是一个循序渐进的参悟和累积的过程。教学中教师要将隐性的朗读技巧显性化，通过确切的教学内容传授给学生。其中，停连、重音、语调、语速是朗读最常用的四大技巧。

第一，停连。停连指词语或句子之间声音上的间歇，相当于有声语言的"标点符号"。根据朗读者生理需要、句子的语法结构、表达情感的需求，停连可分为以下几种：①生理停顿。生理停顿指根据气息需要，在不影响语意完整的地方做一个短暂的停歇。②语法停顿。语法停顿反映一句话里面的语法关系。一般来说，主谓之间、动宾之间、修饰成分与中心语之间都会有停顿。例如：喂猪的老头儿/在墙根/站着，笑盈盈地/看着/他的两头小白猪/变成小金猪了。而标点符号则更直观地告诉我们停连的处理，常见的标点符号停顿时间长短大致是这样的：句号、问号、叹号>分号、冒号>逗号>顿号。例如：菊花仙子得到的颜色就更多了，/紫红的、淡黄的、雪白的……/美丽的菊花在秋雨里频频点头。而段落之间的停顿则长于句子停顿的时间。③强调停顿。强调停顿是指为了强调某个语意或某种感情，而在书面上没有标点、在生理上也可不做停顿的地方做了停顿。例如：新年的太阳升起来了，照在她小小的尸体上。小女孩坐在那儿，手里还捏着一把烧过了的火柴梗。这段话，朗读时可以根据三个逗号作为气息停歇的处理，但是我们可以打破这种呆板的停连，可以在"小女孩"后做强调性停顿，让听众把目光停留在可怜的小女孩身上，强调朗诵者悲伤、怜悯的内心情感。

第二，重音。重者指在朗读时对需要强调的词、词组用加强声音的强度来体现。下面列举朗读中几种常见的重音处理方式。

① 并列性重音。例如，《秋天的雨》文中的句子："小喜鹊衔来树枝造房子，小松鼠找来松果当粮食，小青蛙在加紧挖洞，准备舒舒服服地睡大觉。""小喜鹊""小松鼠""小青蛙"在句子中读重音。

② 对比性重音。例如，青蛙说："朋友，别说大话了！天不过井口那么大，还用飞那么远吗？"小鸟说："你弄错了。天无边无际，大得很哪！"

③ 呼应性重音。例如，你可知道大海的深处是什么样的吗？海底真是个景色奇异、物产丰富的世界。

④ 强调性重音。根据朗读者在这句话中想告诉人们什么来决定重音的位置，如同样的一个句子："种子睡在松软的泥土里。"如果想告诉人们"什么睡在松软的土地上"，重音就要落在"种子上"；如果要告诉人们"种子睡在哪里"，重音就要落在"土地上"；如果要告诉人们"种子睡在什么样的泥土里"，重音就要落在"松软"上。

⑤ 比喻性重音。比喻可以使事物生动可感。朗读时要突出那些比喻词语。例如，课文《桥》中的句子："老汉清瘦的脸上淌着雨水。他不说话，盯着乱哄哄的人们。他像一座山。""一座山"更能突出老汉的坚定、无畏！

⑥ 递进式重音。例如："少年智则国智，少年富则国富，少年强则国强，少年独立则国独立，少年自由则国自由，少年进步则国进步，少年胜于欧洲，则国胜于欧洲，少年雄于地球，则国雄于地球。"朗读时各个重音呈现逐渐加强的态势，强调句子之间层层推进的关系。

朗读中通过重音或是增加音量来表现，如："他刚要拧开盖子，马宝玉抢前一步，夺过手榴弹插在腰间，猛地举起一块磨盘大的石头，大声喊道：'同志们！用石头砸！'"读到班长马宝玉的壮举我们可以有意识地加强音量，把某些词读得重一些、响一点；或通过音节延长的方法使重音突出，如"太阳像负着什么重担似的，慢慢儿，一纵一纵地使劲向上升。"通过延长"慢慢儿""一纵一纵"让太阳缓缓升起的动态更有画面感。不过，必须强调一点，有些重音，并非一味增加音量，相反，却是通过减轻音量、减慢语速来达到更理想的强调效果，如："她刚把脚伸出去，想让脚也暖和一下，火柴灭了，火炉不见了。"将"灭了""不见了"这两个要强调的地方，读得轻缓、低沉，更能突出小女孩的寒冷、可怜、失望、无助。

第三，语气。语气指能较好地表达思想、情感的语调、语势。语气的变化主要表现在语调的升降上，但不限于此，因为声音是立体的，还有明暗、强弱、快慢之分，所以语气是停连、重音、起伏、强弱、快慢、虚实等的综合体现。语气的表达方式大致可以概括为以下几种：

① 升调。升调通常用来表达疑问、设问、反问、惊异、喜悦、兴奋、号召、呼唤等语气，如《鸟的天堂》里："我们把手一拍，便看见一只大鸟飞了起来。接着又看见第二只，第三只。我们继续拍掌，树上就变得热闹了，到处都是鸟声，到处都是鸟影。大的，小的，花的，黑的，有的站在树枝上叫，有的飞起来，有的在扑翅膀。"朗读这一段我们用升调，读出惊异、兴奋的语气。另外，在激动、愤怒等感情比较强烈的情况下也常用升调，如《船长》中："哪个男人敢走在女人前面，你就开枪打死他！"

② 降调。降调通常用来表示肯定、诚恳、请求、悲伤、沉重、感叹、祝福等语气，语调表现为开头高、句尾降低，如《去年的树》中，"鸟儿说：'好的，我明年春天一定回来，给你唱歌。请等着我吧！'鸟儿说完，就向南方飞去了。"

③ 平调。平调通常用来表示庄重、沉稳、平淡、严肃等语气，多用于不带特殊感情的叙述或说明，如《蝙蝠和雷达》："晴朗的夜空出现

两个亮点，越来越近，才看清楚是一红一绿的两盏灯。接着传来了隆隆声，这是一架飞机在夜航。"

④ 曲调。曲调通常用来表达轻薄、讽刺、厌恶、烦躁、怀疑、意外等语气，语调或先降后升或先升后降，语势有抑扬起伏的变化。例如，《海燕》："它们这些海鸭啊，享受不了生活的战斗的欢乐：轰隆隆的雷声就把它们吓坏了。"

语气对朗读产生的效果是直接的、立竿见影的。声音、气息的长短、强弱、粗细、宽窄、清浊、卑亢等变化，能增加文字的魅力，调动听众的情绪，引起大家的共鸣。例如，轻柔、舒缓的语气能传递爱的情感——"母亲，倘若你梦中看见一只很小的白船儿，不要惊讶它无端如梦"；僵硬、短促的语气表达着憎恨的情绪——"刘胡兰愤怒地回答：'不知道，就是不知道！'"再如，低沉、迟缓的语气讲述着悲伤，高昂、充盈的语气表现着欣喜、慌张，短促的语气体现着着急，等等，运用恰当的语气，才能增强语言的魅力，才能调动听众的情绪，才能引起听众的共鸣。

第四，节奏。节奏是指服务于文本感情基调的抑扬顿挫、轻重缓急等声音表现形式。适当的朗读节奏，集文字、韵律、意境于一身，给人身临其境的感受。《文艺作品演播技巧》一书里把节奏分为六个类型：轻快型、低沉型、凝重型、舒缓型、紧张型和高亢型。

① 轻快型：语速较快，语调多扬少抑，语音多轻少重，跳跃感强，多表示欢快、欣喜的情志，如《秋天的雨》《火烧云》。

② 低沉型：语速缓慢，语调压抑，语音沉重，多表示沉痛、悲伤的情感，如《穷人》《金色的鱼钩》。

③ 凝重型：语速稳重，语调多抑少扬，语音多重少轻，多表示庄重、思辨的情愫，如《梅花魂》《圆明园的毁灭》。

④ 舒缓型：语速舒缓，语音舒畅、柔和，多表达平静、舒适的心情，如《四季之美》《美丽的小兴安岭》。

⑤ 紧张型：语速较快，语气强而短促，多表达紧张、激动的情绪，如《狼牙山五壮士》《桥》。

⑥ 高亢型：语速较快，语调高扬，常用来表现激昂、雄浑的气势，如《七律·长征》《开国大典》。

实际上，一个作品的朗读节奏不会是一种节奏贯穿始终的，而是以某种类型为主，以其他类型为辅，体现了节奏的丰富性及变化性。因此，在朗读过程中，切忌单一乏味，节奏必须因情而异，因势而变。

最后，要强调的是朗读的技巧看似有不同的类型，其实它们又是相互渗透、相互依存的，是一个密不可分的整体。一段处理得当的朗读是停连、重音、语气、节奏等共同作用的结果，我们要在实践中反复揣摩，合理运用。

（3）丰富方式

单一的朗读会使学生感到乏味、昏昏然，提不起学习的兴致。我们要适当地变换各种朗读方式，让学生愿读、会读、乐读、争着读。常用的朗读训练方式有教师范读、提问引读、学生齐读、表演读、小组读、个别读、分合读、自由读、配乐读、接读、轮读、领读等，对朗读材料还可采取全篇读、分段读、重点读等形式，各种形式有各自的适用范围和功能。

第一，教师范读。当学生出现朗读障碍或情感处理不到位时，教师通过范读给学生铺路，唤起学生的朗读情感，引导学生快速进入文本情境。例如，部编版教材五年级下册课文《军神》，文中人物内心变化及说话语气的变化是非常丰富的，如问诊时，沃克医生一开始是"冷冷地问"，发现刘伯承伤势严重程度后，先是"愣住了"，随后"一丝惊疑"，在判断刘伯承是个军人后"目光柔和下来了"。从"冷漠"到"赞许"，沃克医生说话时的语气跳跃感很强，学生朗读起来有一定的难度，而读出人物说话的语气是这一课朗读教学的重点。当学生处理不到位时，教师通过范读给学生提供引领，让学生在可观可学中感受不同语气的处理技巧，实实在在地提升自己的朗读能力。

第二，提问引读。当需要引发思考和突出某个细节时，教师通过提问、引读的方式加深学生对朗读的把握以及对内容的理解。下面是浙江青年教师王自文在全国小学语文青年教师阅读教学比赛中教学古诗《题临安邸》的片段。

师：我们刚才读的这首诗中第二句话是个什么句？

生：是个问句。

师：谁在问谁？

生：诗人在问那些整天寻欢作乐的高官们。

师：你来问一遍。

生："西湖歌舞几时休？"

师：诗人指着那些权贵的鼻子怎么问？

生："西湖歌舞几时休？"

师：诗人指着南宋皇帝的鼻子又会怎样怒斥？

生："西湖歌舞几时休？！"

师：让我们一起去痛斥，问问那些权贵们——

生："西湖歌舞几时休？！"

在教师反复的提问及引读下，学生通过不断叩问，加深了对诗句意思及创作背景的理解。

第三，表演读。爱玩是儿童的天性，让学生在喜闻乐见的活动中训练和提升朗读能力，常常能收获令人惊喜的效果。例如，在执教部编版教材二年级上册《狐假虎威》时，我以表演读的形式进行朗读训练，学生的积极性和参与度都很高。表演前，师生共同讨论如何读好对话及演好动作，尤其是狐狸说的三次话，抓住"眼珠子骨碌碌一转""扯着嗓子""多大的胆子""摇了摇尾巴"等关键点，想象狐狸说话时的语气、神情、动作，为表演读做准备。在学生表演时，我酌情做好相应的激励、引导及评价。就这样，我让学生在读中演，在演中读，让课堂教学走向游戏化、情趣化，在寓教于乐、不露痕迹中加深了学生对文本理解的程度。

第四，配乐读。舒适的音乐往往会唤起人们对某种意境的想象与向往，触动朗读情感的酝酿与生成，因此，配乐读是一种极好的朗读方式。例如，部编版教材六年级上册《月光曲》第9自然段写皮鞋匠听着贝多芬的琴声，联想到海上明月升起的奇丽画面。指导朗读这一段时，我播放《月光曲》，让学生配乐朗读。随着旋律从悠长、舒缓到气势逐渐增强，再到音乐骤然高昂激越，节奏越来越快，景色的变化也从"月亮正从水天相接的地方升起来"到"越升越高"，再到"月光照耀下的波涛汹涌的大海"。景色的变化随着旋律的起伏在学生的面前逐渐铺开，学生的带入感越来越强，朗读起来自然是入情入境的，并从中切身体会了《月光曲》的旋律，感受到了艺术的魅力。

根据不同的功能和适用范围，朗读的形式还有很多，如当需要渲染气氛、增强气势时，宜齐读；当需要厘清文章脉络、提醒重点关注时，宜接读；当需要激发学生朗读兴趣、提高竞争意识时，宜小组读；当需要学生独立思考、体现个性化朗读时，宜个别读……教师要根据各个阶段的朗读任务和意图，做出合理的选择，让各种朗读方式各尽其能。当然，各种朗读方式若能优化组合，更能极大地提升朗读训练的实效性。

（4）评价激励

行为科学证明：一个人如果受到正确而充分的激励，能力就可以发挥80%~90%，甚至更多。因此，善于倾听学生的朗读并捕捉其优点和不足，并给予及时、准确的评价和激励，对学生的后续发展具有极其重要的作用。高明的评价激励手段主要体现为以下几种类型：

第一，赏识性评价。热情赞赏是学生进步的加速器，当学生朗读表现出色时，我们一定要不吝赞美之词，如"这位同学对课文理解得很到位，读得很有感情""我很欣赏她读的语气""老师都被你的朗读感动了""他的朗读太精彩了，掌声送给他"……除了这些普遍性的表扬，如果能结合具体的教学内容进行精准的赞赏，那就更好了。例如，朗读部编版教材二年级上册《难忘的泼水节》文中的句子："清清的水，泼呀，洒呀！周总理和傣族人民笑哇，跳哇，是多么开心！"当有学生读出热烈、欢快的语气时，我们要立刻热情地给予赞赏："你读得真好，让老师仿佛看到了充满欢声笑语的激动的场面！"在赞赏中学生感受到被赏识、被尊重，增强了信心，学习起来就更有动力了。

第二，导向性评价。赏识和鼓励固然重要，正面的引导更加必不可少。在学生遇到朗读困难或情感处理不到位时，我们既要保护好他们的自尊心，更要指出他们的不足，助其明确努力方向。例如，部编版教材五年级下册《威尼斯的小艇》第4自然段写了船夫高超的驾驶技术。在听完一个学生朗读这段话后，教师评价："这么长一段话，你字音都读正确了，也注意了句子之间的停顿，说明你学得很认真。不过老师给你个小建议，如果你能抓住'极''毫不''挤'这些重点词和'不管……总能……''总……而且……还能……'这两组关联词，在重音和语调方面读出变化，读出船夫的操纵自如和充满自信，那就更好了。再试试看！"在教师的指导下，这名学生进行第二次朗读，果然读出了感觉。可见，在肯定学生的基础上，教师给予针对性、导向性的评价，才能实现"授之以渔"的有效教学。

第三，多元性评价。朗读跟阅读一样，是学生的个性化行为，与其个人的认知、经验、情感等密切相关。因此，我们要尊重学生的个性化体验，尊重学生的对文本的多元解读。例如，在部编教材二年级上册《坐井观天》的教学中朗读。"青蛙笑了，说：'朋友，我天天坐在井里，一抬头就看见天。我不会弄错的。'"学生们有的认为这是青蛙对小鸟的劝谏，要读出耐心的语气；有的则认为这里是"自以为是"的青蛙对小鸟的取笑，要读出嘲讽的语气；还有的认为要读出青蛙自信的语气。这些观点反映了学生对文本的不同感悟，我们都应该给予肯定。当然，如果学生的朗读理解有误，我们则要及时加以正确的指引及点拨。

第四，趣味性评价。轻松幽默的语言是活跃课堂气氛的调味剂，是提高学习兴趣的驱动器。充满智慧和趣味的朗读评价，能快速有效地调动学生朗读的积极性。例如，部编版教材二年级上册《黄山奇石》中的一段话："每当太阳升起，有座山峰上的几块巨石，就变成了一只金光闪闪的雄鸡。它伸着脖子，对着天都峰不住地啼叫。"学生在朗读时，语速缓慢，没有精气神。教师听了，开玩笑说："哎呀，这只雄鸡好像还没睡醒呢，身上的金光没了，脖子也耷拉着，快要变成木鸡了！"学生一听，哈哈大笑。读的学生马上意识到自己的不足。教师相机指导，让学生把"金光闪闪""伸着脖子""不住地啼叫"等通过重音、语调、节奏等读出气势来，在教师的引导和同学的相互评读中，学生读得一次比一次好。

再如，在教《妈妈睡了》一课时，学生朗读："睡梦中的妈妈好温柔。妈妈微微地笑着。"一个学生用平直调、较快的语速响亮地朗读，教师微笑着走到他身边轻轻地说："你这样读，会把妈妈惊醒的。"学生马上意识到问题，便动情地表现出"亲切、温柔"的朗读效果，读出了对妈妈的爱。可见，动态生成的富有趣味性的评价是最有效的朗读指导。

第五，多样性评价。单一、固化的评价会降低学生对评价的期待值，降低课堂教学效果。评价方式富有变化、呈现多样态，才能使课堂焕发生机和活力。如何实现评价的多样性？我们可以做以下的努力：

① 调动姿态语言。通过表情、手势、体态等传递评价信息，丰富评价的内涵，提高评价的效果。例如，学生读到精彩处，教师可以通过鼓鼓掌、握握手、拍拍肩、摸摸头等动作表示赞赏，也可以通过鼓励的眼神、满意的笑容、惊喜的表情等，让学生感受到关爱、肯定和鼓励，让学生更有前进的勇气和力量。

② 变换评价个体。评价不能总是教师唱独角戏，除了教师评价学生外，我们更应该通过学生自我评价、学生互相评价、学生评价老师等

灵活的方式，让更多的评价个体参与其中。例如，一个学生读完《我要的是葫芦》中的"花谢以后，藤上挂了几个小葫芦。多么可爱的小葫芦啊！"同学进行互评，一个同学这样评："他读得很响亮，也很有感情。"第二个同学这样评："我觉得他读得不错，但是小葫芦的可爱还没读出来。"第三个同学说："我也有同感，如果能把'多么可爱'这种感叹的语气读好那就更好了。"此间，教师相机加入评价，进行激励和引导。通过这样的多方参与，学生既掌握了感叹句的朗读技巧，也培养了善于倾听、敢于发表、善于评价的好习惯。

③ 创设多种平台。兴趣是最好的老师，只有学生的朗读意愿不断地被激活，其朗读兴趣才能长期地培植起来。如何培养学生浓厚的朗读兴趣呢？我们既要营造良好的朗读氛围，又要及时反馈学生的朗读效果。为此，我们可以创设多种多样的朗读展示平台，让学生充分展示自己的朗读才能，如课前的经典语段朗读、"新闻发布会"、绘本故事分享，课中各种各样的课文朗读训练，课后通过网络平台上传朗读作品与老师、同学们分享，组织各种朗诵比赛，等等。在这些平台中，学生的付出和努力得到了老师和同学的认同和赞许，久而久之，基于勇于挑战、被人赏识、收获成功等萌生的朗读兴趣就会变得强烈而持续。总之，朗读评价的方式是灵活多变的，不管哪种方式的评价，目的都指向促进学生朗读水平的提高。教师在评价时要重视学生的个体差异，在保障自信、尊重个性的前提下，对学生少一些批评，多一些鼓励；少一些埋怨，多一些引导；少一些教条，多一些情趣。这样收到的评价效果自然是皆大欢喜的。

4. 把控情感，提升审美

朗读中技巧固然重要，但是如果没有朗读者的觉醒感悟、情感体现，朗读就是没有灵魂的，难以引起听众的共鸣。成功的朗读不仅取决于娴熟的技巧，更取决于朗读者真挚的情感、赤诚的灵魂。正如于永正老师说的："最动人的是情，而不是声音。"至真至诚的情感体验和至善至美的审美情操是朗读的最高境界。如何让朗读实现至真至诚的情感体验，抵达至善至美的审美境界？我们可以从以下几方面做努力和尝试。

（1）激活

朗读意愿是叩开情感朗读之门的敲门砖，朗读意愿一旦被激活，朗读训练就变"要我读"为"我要读"。在主动性、积极性的驱使下，学生情感的投入、学习的效果自然是令人满意的。朗读意愿的激活，一方面来自外在力量的感召，如朗读意境的激发、朗读形式的吸引、朗读文本的魅力、朗读评价的激励等；另一方面则来自内在动力的驱使，如学了《草原》，我们要分享草原之辽阔、蒙古同胞之热情；学了《慈母情深》，我们要抒发自己对慈母的热爱及愧疚之情；学了《匆匆》，我们要感慨时光的一去不复返；学了《军神》，我们要致敬为民族抛头颅洒热血的革命先烈……作为教师，我们要善于挖掘和把握学生内外各种因素，把它们运用到朗读意愿的激发和持续不断的升华上。

（2）感悟

文本创作的主旨和表达的意境，是隐得最深的情感。有感情地朗读源自对文本的深入感悟。例如，《少年中国说》中有这么一句话："美哉，我少年中国，与天不老！壮哉，我中国少年，与国无疆！"这两个感叹句饱含着作者梁启超先生对中国少年奋发图强的无限激励和对祖国繁荣富强的热切期盼，但是作者的创作时代比较久远，学生对这种情感的领悟也许不够深刻，教师要让学生了解当时的时代背景：帝国主义列强图谋瓜分中国，嘲讽中国人是"东亚病夫"，国内一些昏聩无知的卖国贼也不断煽风点火，说"中国无可救药了"。在内外受敌的情况下，中国将去向何处？当学生领悟并思考这些困境时，一种强烈的民族自豪感油然而生，对这直抒胸臆的句子自然会读得心潮澎湃。

（3）想象

在领悟主旨、意境的前提下，想象文本所描述的语境、画面，进而通过有声的朗读诠释丰富的意象。想象，是有感情朗读强力的助推器。

例如，朗读毛泽东的七言律诗《七律·长征》时，在感知背景、理解题旨之后，教师结合课文插图"红军过雪山"的图画表象，联结影片提取"过五岭""越乌蒙""渡金沙""抢大渡"等情节表象，让学生在大脑中迅速形成电影画面般的想象，感受红军长征途中的惊心动魄和胜利会师的激动喜悦，至此，朗读感情的生发已是顺势而为的事情，红军征服险山恶水的战斗豪情和革命乐观主义精神自然而然地融入了学生的朗读之中。

（4）移情

移情是指把朗读者的主观情感转移到文本角色或文本创设的情境中，反过来又通过文本衬托、强化朗读者的主观情绪，做到使朗读者与文本融为一体，这样的朗读更能集中地表达朗读者内心强烈的感情。例如，部编版教材二年级课文《小蝌蚪找妈妈》，故事中的人物角色比较多，我们如何体会人物心情，读好各自说话的语气呢？教师通过创设情境，代入角色，转移情感，让学生在有色彩、有声音的文本世界里表达内心的真实感受。这样，学生的文本感悟和朗读情感就顺利到位了：小蝌蚪天真可爱，说话时声音清脆悦耳，找妈妈时说话的语气是急切的；鲤鱼妈妈用适中的语速为小蝌蚪强调它们的妈妈"四条腿，宽嘴巴"；乌龟妈妈用舒缓的语气强调"不是""两只大眼睛，披着绿衣裳"；青蛙妈妈看到自己的孩子，说话时面带笑意，语气中充满慈爱。教学中，我们要善于引导学生把已有的生活经验、阅读经验、情感体验等转移到课文的朗读上来，这样的朗读更能打动自己和感染别人。

（5）把控

在激活、感悟、想象、移情等多维整合下，承载情感信息的气韵、语调是情感最活跃的表现形式，随着文本的情感变化，它们要在朗读中做出顺应或调度，让朗读者与文本之间随时同情共振。如果说共情是朗读者与文本之间的完美融合，那么气韵和语调就是共情的外在表现。把控好气韵和语调，有感情地朗读也就水到渠成了。气韵，即肺气流，是形成感情的动能，肺气流的大小强弱因情感的高低起伏而变化。例如，在朗读陆游的绝笔诗《示儿》时，整首诗的情感虽然都凝聚在一个"悲"字上，但是前后的情感是有起伏的：前两句以万事之空来衬托未能看到祖国统一的不能忘怀，突出遗憾、悲痛之情，后两句则看出诗人虽沉痛但并未绝望，把希望寄托于子孙后代，至死不忘祖国统一。朗读时，从悲愤逐渐过渡到激昂，这种肺气流的变化以及由此产生的语调变化，既有承接又有转变，朗读时要把控好，以确保情感的自然流露，而非别扭造作。

古人云："读书有三到，谓心到、眼到、口到"，朗读集三者于一体，是学习语文行之有效的方法。让我们在朗读训练中，引领学生建构语言，发展思维，不断提升文化与审美水平。书声琅琅，是语文课堂最美的底色。

以上，我们从备课标、备学情、备问题、备支架、备策略、备朗读六大方面交流了"深度备课"的一些思考和尝试。其实，关于"深度备课"的探讨是开放的、多元的、恒远而常新的，理想课堂的追寻更是任重而道远。我们要与时俱进，不断创新，从备课的每个细小环节去考虑，从上课的每个成败之处去反思，确保我们每一次备课都有新的思考与突破。